古文書の科学

料紙を複眼的に分析する

［編著］
渋谷綾子・天野真志

文学通信

Contents

第2部　料紙の構造をさぐる

第3部　料紙から古文書を読む

第**4**部　料紙研究を広げる

本文中の用語で「★」印がついているものは
用語集で取り上げていますのでご参照ください

ごあいさつ

本郷恵子

　30年以上前になるが、ある研究会での大学院生の報告に対して、ベテランの研究者が「その文書はあぶないと思いますよ」と指摘された。だが当該の文書は主要な論拠となるもので、報告者としては簡単に引き下がるわけにいかない。

　「文体や内容からして、とくに問題になる要素はないと思いますが」

　「私はその発給者による文書については、すべての原本を見ています。その上で疑わしいと言っているのです」

　「でも、内容としては……」

　「私は全部を見ました。あなたは見ていますか？」

　「……」

　若い大学院生が、すべての原本を見るのは不可能だ。博物館等で展示ケースのガラス越しに見たことはあるかもしれないが、手もとで子細に検討することは、1点でも難しいだろう。もちろん、すべての原本を精査し、真偽を確認したという先学の意見は傾聴すべきだし、所蔵機関や所蔵者のもとを回り、いちいち許可や信頼を得るなどの積年の苦労があったろうという点にも敬意を払わねばならない。それでも、このような反論不可能な問いかけが研究の場で成されるということに、私は長いこと違和感を抱いてきた。

　歴史研究者は、主に古文書・古記録等の文献史料に記されたテキスト（文字情報）を素材として、過去の復元を試みる。多くの場合、原史料を撮影した写真や画像データ、あるいは活字化された史料集を参照・検討する。一方でテキスト情報というのは、数百年もの歳月を生きのびて今日まで伝来してきた原本史料が持つ豊かな情報の一部でしかない。そしてまことに残念だが、原本保護の観点からして、オリジナルの史料を、あらゆる人に必要の都度に

公開し、熟覧させるのは困難である。そのためこれまでの原本研究は、原本に親しく触れることのできる一部の研究者が、経験値にもとづいて論じる暗黙知の領域にとどまらざるをえなかったといえる。

「古文書がどのような紙に書かれているのか」は、原本独自の情報のなかでも重要なものの一つである。発給者の権力の強さやメッセージの性格、相手との身分関係等に応じて、文書様式や礼式が定められていたように、使用される料紙にも、さまざまな種類や格付けがあったはずだ。さらに文書が作成された時期や場所（地域）によっても、異なった料紙が用いられていた可能性がある。

本書は、長い伝統を有する学問分野である日本史研究・史料研究の蓄積を踏まえ、文化財科学・植物育種学★・考古学等の方法を用いて料紙の科学的分析を行い、得られたデータを、情報学の成果として構築された情報基盤に集約して公開・共有するという、多様な分野の連携から構成されている。暗黙知の内部に光をあてて分析視角を設定し、観察・計測・記録し、その結果をすべての研究者に開放して、総合知の達成をめざすものといえるだろう。あわせて、分析の専門家でない一般の歴史研究者が観察や撮影を行うための、懇切で実践的なガイドも示されている（先行して作成された史料調査ハンドブック『古文書を科学する―料紙分析はじめの一歩―』（https://www.hi.u-tokyo.ac.jp/assets/pdf/seika2021-9.pdf）を併読すれば万全である）。料紙調査の方法が普及し、データが増加すれば、料紙研究の可能性はいっそう拡大するにちがいない。

本書で述べられる料紙調査は、すべてが非破壊で行われるが、貴重な史料の調査を許可してくださった所蔵者・所蔵機関の関係者の方々には、心から感謝申し上げたい。本書は、研究者と史料所蔵者との信頼関係のうえに成立したものであり、そのような関係がひろがることこそが、料紙研究を推進する力となる。本書が、あらゆる分野、あらゆる立場の過去に興味を持つ方々のもとに届き、わが国に厖大に伝来する歴史史料の保護・研究・継承に資することを願っている。

はじめに

渋谷綾子

1. 古文書と科学——料紙という結節点

　本書を手に取ったあなたは、「古文書」「科学」「分析」という言葉に対して、それぞれどのようなイメージをお持ちだろうか。

　古文書——博物館や史料館などに行くことの好きな方、行かれた経験のある方は、陳列ケースに収められている、くずし字で書かれた古い手紙や日記などを思い浮かべるかもしれない。一方の科学と分析、あるいは科学分析。こちらは、白衣を着た人が試験管を持って何かの薬品を使っていたり、顕微鏡をのぞいていたりする姿や、テレビドラマや映画などに出てくる科学者の姿を連想する人がいるかもしれない。

　こうした「一般的なイメージ」を並べてみると、古文書という歴史資料の研究と自然科学の分析・研究は、まったく別物で相容れないように思われる。しかし実際、古文書と科学分析は密接に結びついている。その結節点が、本書で取り上げる古文書や古記録類に用いられた紙、すなわち料紙である。

2. 料紙研究の新常識を提唱する

　黒板勝美が日本における近代歴史学の補助学として提起し（黒板1940）、以来展開した古文書学では、様式や筆跡など古文書のもつ多様な歴史情報に注目した研究が進展してきた。そのなかで料紙研究では、古代・中世期の文書を中心として、材料や抄紙★（紙漉き）過程で生じた痕跡などから料紙を分類し、それらの歴史的な意味について議論されてきた。近年では、自然科学や製紙科学、文化財修復などの分野において、多様な顕微鏡を用いた観察に

8

よって料紙の構造を分析する手法が積極的に用いられており、歴史学だけでなく自然科学的な視角による研究からも古文書への注目が集まっている。

古文書の自然科学的研究では、古文書のモノとしての側面、すなわち物質的な構造を解明する。顕微鏡を用いて料紙を観察し、厚み、重さ、簀の目（和紙は一様の太さの竹ヒゴが糸で等間隔に結ばれた簀で漉かれ、その痕跡が簀の目として紙に残る）などのさまざまな形態情報の確認、繊維素材の組成、抄紙（紙漉き）過程で配合される添加物（填料★）を検討する。料紙のモノとしての特徴を観察してわかったことは、料紙の種類の特定や表裏の識別、墨や朱などの素材の特定、料紙自体の製法や使用方法の解明、装丁技術の復元に役立てられている。本書はこうした自然科学的研究と、人文学的アプローチの成果を総合的に検討することで、古文書研究に新たな可能性を見出そうとするものであり、それは東アジア全体における歴史資料の科学研究へ貢献できる射程を持つものである。

本書は「料紙研究の新常識の提唱」として、古文書研究に自然科学を結びつける入門として、基礎的な情報を紹介していく。

3. 本書の読み方

本書は4部構成である。最初から順番に読めるように構成してあるが、それぞれ独立したものとして読むこともできる。

第1部は、古文書研究、日本史研究、異分野連携研究という三つの視点から、料紙が注目されてきたそれぞれの背景と経緯を述べる。

古文書研究では、1930年代から現在まで膨大な料紙研究の成果が蓄積されており、現在の料紙研究へ大きな影響を与えてきた。日本史研究では、文書調査や地域研究の広がりから、地域的な特性を解明する手がかりとして古文書の物質的特徴が注目されている。また近年、文化財科学の分野では、料紙を構成する物質に対する研究が進められており、科学分析の実践例が蓄積されている。それぞれの視点から、なぜ料紙の分析が注目されているのかについて紹介する。

コラムとして、2022年9月6日に開催した富田正弘氏（富山大学名誉教授）、湯山賢一氏（神奈川県立金沢文庫）、大川昭典氏（元高知県立紙産業技術センター）による研究座談会を収めた。料紙分析に対する先輩たちのあゆみを紹介するものである。

　第2部は、料紙の科学分析について、繊維、添加物、植物材料のDNAの三つを取り上げて解説する。

　実際の料紙の顕微鏡撮影画像や分析結果を用いて、各物質の特徴や見分け方、分析結果のどこに注目ポイントがあるのかなどを紹介している。分析経験のない人や自然科学を専門としない人が、料紙分析や関連の書籍・論文を読むとき、あるいは自分で分析を試みようとするときに、参考にできるような作りにしている。それぞれの目的に合わせて読んでほしい。

　第3部と第4部は、実際の史料調査や料紙分析の事例をあげながら、現在の取り組みを紹介している。

　第3部では、史料調査と料紙分析の連携によってどのようなことがわかってきたのか、科学分析を取り込むとどのような成果が見込めるのかなどを紹介している。

　第4部は、分析データの記録・保存ツールの紹介や情報基盤との連携の意義、また国際的な研究にむけてどう展開していく必要があるのかなど、取り組みの事例を交えて考察する。

　コラムは、上述した料紙分析に対する先輩がたのあゆみや彼らの抱く今後の研究への期待を含め、歴史学研究における科学分析の実践、分析で得られたデータをどう活用するのかなどを扱っている。コラム単独で読んでもよいだろう。さらに本書の最後には、少し難しいと思われる用語を用語集としてまとめている。随時参考にしながら、読み進めてほしい。

　本書は、大学や自治体、博物館、文書館、図書館など歴史資料の研究や保存・継承に従事する方がた、また料紙分析に関心のある方がたの参考になるような、いわば「古文書の科学」の案内書を目指したものである。いまこの

文章を書いている私は、考古学の遺跡から、肉眼では見えない微細な植物の痕跡を探し出す研究者であり、顕微鏡を日常的に用いる科学者である。今でこそ古文書の調査・分析を進めているが、かつては私も、人文学の研究対象である古文書と自然科学の分析がかけ離れており、研究にどのような意味があるのかと疑問に感じていた。本書をきっかけとして、読者の皆さまが人文科学と自然科学を融合した研究への理解を深めていただければ幸いである。

　なお本書は科学研究費補助金基盤研究（A）「『国際古文書料紙学』の確立」(2019〜2022年度)の成果を踏まえたものである。詳細はおわりにで述べた。合わせてお読みいただけると幸いである。

引用文献

» 黒板勝美『虚心文集』414 pp、吉川弘文館、1940

ご案内

渋谷綾子 [編]
古文書を科学する
―料紙分析はじめの一歩―

本書に先行して作成された史料調査ハンドブック『古文書を科学する―料紙分析はじめの一歩―』はこちらの URL で無料ダウンロードすることができます。

https://www.hi.u-tokyo.ac.jp/assets/pdf/seika2021-9.pdf

第1部

古文書料紙への視点

1-1

古文書研究からの視点

高島晶彦

1. はじめに

　日本の古文書料紙研究の成果について、上島有が、自著の「中世文書の料紙の種類」（小川 1991）で、「これまでの古文書学の研究をみると、その概説書などには料紙に関する簡単な記述はみられるが、実際この文書にはどのような料紙を使い、それがどういう意味を持つものであるかということは、まったくといってよい位述べられていない。」とし、「古文書概説書には必ず麻紙・穀紙・檀紙・斐紙等々の種類に関する記述がみられるが、これだけでは実際の古文書の料紙を考えるのに、何の役にも立たないことは多くの人達が経験している」と従来の研究を批判している。さらに上島は、「これまでの古文書の料紙論は、古文書学の概説書のいわば "枕詞" として置かれていたが、本論としての料紙論ではなかったといったら言い過ぎであろうか。そこで、古文書の料紙研究にはこれまでのものとは別の方法・考え方が必要ではなかろうか」として、黒板勝美以来の古文書料紙研究を文献史料中心の料紙研究として位置づけ、これを弊害として避け、古文書原本調査を主体とした研究法を探求していったのであった。

　この上島の文献史料中心の料紙研究、黒板勝美・伊木寿一・伊地知鉄男・中村直勝・田中稔・小野晃嗣・寿岳文章などの料紙論に対する批判に対し、評価に正当性が見受けられないと感じた富田正弘が従来の研究史を振り返り、何が明らかにされ、何が足りないのかを正当に評価し、上島に対する評価を試みて、これからの研究課題提示した論文を発表している（富田 2011、

2015)。

　本章では、富田が和紙研究一般ではなく、前近代の古文書料紙研究、古文書的働きを少なからず持ち合わせている古文献の料紙も含めた研究をリストアップし、検討を加えた料紙論の変遷を紹介しているため、富田の総括とあわせて、湯山賢一^{ゆやまけんいち}・富田正弘らが文化財修復技術研究者の増田勝彦^{ますだかつひこ}、製紙技術研究者の大川昭典^{おおかわあきのり}の協力を得て進めてきた共同研究を中心に研究史としてまとめようと思う。なお上島は、富田の論文発表後に『日本史史料研究会研究叢書 9-1 中世の紙―アーカイブズ学としての料紙研究』（2011）を出し、若干の修正を加えているので、これを上島の古文書料紙論として対象としたい。

▌ 2. 富田正弘による料紙論総括：黒板勝美

　まず、富田が注目したのは黒板勝美である。黒板は、100 年以上前に学位論文で、古文書研究における料紙研究の重要性を説き、その研究調査の方法をすでに提案している。方法でいえば、原本の調査が必要なこと、顕微鏡も使わなければならないということも提案している。さらに『更訂国史の研究』（黒板 1931）では、

　　（古文書の料紙は）先ずその原料、製法、大小、厚薄、粗密等、紙の品
　　質に多くの種類があるのみならず、時代によって変遷があり、地方に於
　　ける特産もあって、その種類は実に多数に上っている。その如何なる種
　　類の紙が如何なる古文書に用いられているかということ、即ち古文書の
　　種類によって紙の品質が異なっている所以を研究するのは、古文書学に
　　おける主なる研究の一である。これは文献と実例とから帰納して来なけ
　　ればその成果が得られない

と述べ、古文書の種類とその料紙の品質との相関関係を明らかにすることが古文書学にとって重要であると指摘している。そして文献による考察と文書

原本の実例調査による考察の二方法を提示し、具体的に詔勅と麻紙、綸旨・口宣案と宿紙、天皇院宮摂政関白の書状と檀紙、中流以下の公家の書状と凡紙（普通の楮紙）、寺社の願文・勧進帳と斐紙（雁皮紙）、などの相関関係を指摘の指摘と原本調査の必要性を説いている。

　黒板は東京帝国大学での 1921・1922 年の古文書学概論の講義録「古文書学概論」を『虚心文集』第 5（黒板 1941）に収録され、「第一部記録古文書の研究　第一　材料」のうち「紙」の項に古文書料紙の種類としては、麻紙・榖紙（楮紙）・檀紙・斐紙・宿紙・杉原紙・奉書紙・引合の 8 種類のほか地方産紙として美濃紙・土佐紙・奈良紙・修善寺紙をあげ、その性質と使用時期について述べているという。富田は、

- 麻紙は麻布ないし麻の繊維を、榖紙（緒紙）は楮の樹皮を、檀紙はマユミの樹皮を、斐紙は雁皮の樹皮を材料とすると指摘され、三椏を原料とする椏紙が抜けているくらいで、主要な国産の材料を使った紙の種類は指摘されている。
- 修善寺紙は三椏あるいは三椏にオニシバリや雁皮を交ぜて漉いたものかといわれているが、そこまでの考察はなされていない。
- 檀紙については、奈良時代は黒板が言うようにマユミを原料としたものであったが、平安時代以降にはマユミ原料の檀紙は廃れてしまって、代わって楮を原料とした特定の紙が檀紙と呼ばれるようになったことが、あとに見る寿岳文章の研究によって明らかにされている。
- 宿紙は漉返紙であり、杉原紙は楮を原料とした品質の落ちる紙、奉書紙は楮を原料として糊をいれた紙、引合は檀紙と同種であるがひだがないものとしている。引合を檀紙の一種と言っている限り、黒板の論理からすると引合はマユミを原料として造られていることになるが、これもコウゾを原料とした紙としなければならない。

とし、さらに、

- 黒板のあげた8種の紙の種類は、見事といってよいほど的を射たものであり、後の料紙研究者はなかなかこれを超えることができなかった。
- さらに杉原紙の一種である強杉原（こわすいばら）、江戸時代の大高檀紙などを加えれば、現在でも通用する一つの料紙分類となるものである。
- 古文書・典籍の料紙として、大陸・半島から輸入した料紙や美術的に加工をした紙もある。

と評し、黒板の古文書学上における料紙に関する問題意識が高かったことを記している。

3. 富田正弘による料紙論総括：伊木寿一

　次に黒板の料紙論を継承し展開したとして、伊木寿一をあげる。富田は、『日本古文書学』（伊木1930）の材料の項で、料紙の種類は、麻紙・穀紙・斐紙・檀紙・引合・杉原紙・奉書紙・宿紙・半紙の9種をあげ説明を加える。これは黒板があげる8種に「半紙」を加えたものであって、黒板の分類を踏襲している」と評している。また、「この9種は主要なものであり、その他にも修善寺紙・美濃紙（直紙（なおしがみ）・書院紙（しょいんがみ）等）・高野紙（こうやがみ）・吉野紙（よしのがみ）・西の内・程村（ほどむら）・典具帖（てんぐじょう）が加えられるが、江戸時代に展開した産地紙の名称を列挙しただけにすぎず、体系的な料紙分類を目的としていない。その点では伊木の研究姿勢は黒板の料紙論提唱の意図から少し後退しているように見える」という。「麻紙・穀紙・檀紙の原料については黒板と同見解であるが、斐紙については三椏類の樺（カニハ）であるとし、斐紙（雁皮）と三椏紙とが区別されてない。そのため修善寺紙を三椏紙の特徴である簀（す）の目のある紙と説明しながらも原料を三椏としていることが見抜けていない」が、「薄様（うすよう）・鳥子（とりのこ）・厚様（あつよう）・中葉（ちゅうよう）・間ニ合（まにあい）・打曇（うちぐもり）・油斐紙（ゆひし）などがあること」、「その用途として平安時代以降の写経・歌書・願文・戒牒（かいちょう）、あるいは南北朝以降の将軍武将の内書・直書、上流階級の書状、軍事機密文書、江戸時代には武術その他の印可状（いんかじょう）な

どに用いた」とする点については、「ただ平安時代以降の写経・歌書・願文・戒牒は斐紙もないわけではないが、その多くは、後年、増田勝彦・大川昭典（1983）によって明らかにされた楮打紙であることは知る由もない」と評している。

　「檀紙・引合がマユミを原料とするという点では黒板と同様である」ことを指摘する。檀紙は、「松皮紙（まつかわがみ）ともいい、楮紙よりも厚くて大きくて皺文（しゅうもん）があり、色は淡褐色か白色である」「平安時代の物語にみられる陸奥紙（みちのくがみ）や繭紙（まゆがみ）も同様である」といい、「奈良時代以降、桃山期・江戸時代の大高檀紙（おおたかだんし）までを一貫してマユミを材料とした皺のある紙と考えていた」こと、「大きさによって大高・中高・小高の別があり、その皺文の高さ・大きさも大中小の区別がある」とするが、「高とは縦寸法に応じて大・中・少を示すのであって、皺の高さとは無関係である」と正している。伊木は「用途は将軍・武将・秀吉・家康等の武家文書にも使われている」との見解を示したが、富田の見解は、「白色とするのは檀紙でよいとしても、淡褐色であるのは檀紙ではなく、強杉原の可能性が高い」。

　さらに引合は、「祝儀の際に使用されるほか、下文（くだしぶみ）・院宣（いんぜん）・令旨（りょうじ）・将軍家御教書（みぎょうしょ）・御内書（ごないしょ）に使用されたとする」が、これに対して富田は、「院宣・令旨・御内書等にはともかく、下文・将軍家御教書の公文書にあまり用いられていない」との見解を示している。奉書紙は、「檀紙の皺のないものか、杉原紙を厚く漉いたものかと言っており、材料がマユミなのかコウゾなのか決めかねている」と推測し、回答を保留していると評している。用途としては、「室町幕府の奉行衆（ぶぎょうしゅう）の奉書」とし、黒板の「江戸幕府の老中奉書に使用される紙」との見解とは異なるという。これに対し富田は、「室町幕府奉行人奉書は室町時代の杉原紙である。これが "奉書の紙" という意味で奉書紙と呼ばれたのは文明年間から見られるが、紙質を示す分類名称になるのは江戸時代に下がる」と訂正する。杉原紙は、「紙質の粗末で安価な楮紙であるとし、武家ないし庶民の紙」であり、「最近のものは糊をいれたものがある」という。これに対し富田は、「杉原紙や檀紙に米粉を入れるのは、平安時代から見ら

れるので、近年に始まったものではない」としている。伊木は、また「杉原紙の一種に漉込(すきこみ)という紙があり、鬼杉原あるいは十帖紙(じゅうじょうがみ)ともいう」とし、「半紙は杉原紙の半分の紙で、江戸時代に多く産出されるようになるとし、中流以下の書状・帳簿類など万般にもちいられた」と簡単に説明するに止まる。宿紙は、「供養経文(くようきょうもん)や天皇文書の綸旨・口宣案、忌中文書(きちゅうもんじょ)に使用される」という。これについて富田は、「綸旨・口宣案は天皇の命を伝える文書ではあるが、奉行や史が書く文書であって、天皇文書ではない。」「蔵人(くろうど)が使用したに過ぎないから、天皇が出す文書に宿紙を用いた訳ではない」としている。

このように伊木の料紙論を概観した上で、富田は、「伊木の料紙論は、黒板の提案に沿い、紙の種類ごとに紙質の特徴と用途をより詳しく述べようと意図していることは間違いない。しかし、その内容は一部原本に基づく見解も見られるが、多くは文献史料のみに拠ったことは否めず、種々間違った解釈も少なくない」とし、分類体系としての物足りなさを示すのである。

富田は、伊木の後を担う概説書として、相田二郎『日本の古文書学』上下（1949）と佐藤進一『古文書学入門』（1971）をあげ、両書には料紙論について言及がなされておらず、代わって古文書の様式分類論・様式変遷論を大きく前進させたものであり、いまもなお最良の入門書・手引書として、十分な恩恵を受けている研究書であるため、料紙論まで要求すべきものではないと評している。

▌4. 富田正弘による料紙論総括：中村直勝・伊地知鉄男

次に中村直勝の料紙論についてあげる。中村は1971年から77年にかけて詳述した『日本古文書学』で、料紙について触れるが、懐疑的に書き留めたものとなっている。古文書に使った紙の名称は文献上の何に当たるかという決定は下しようがなく、和紙の名称と実物とを結びつけることはほとんど不可能かもしれないとしている。したがって、中村の料紙に関する所論は原本観察と文献にもとづいたものとなると、富田は理解する。

また、中村は、「紙の判別が難しいからと言って、それができないのなら

ば古文書の真偽を区別することができない。何とかしてできるように紙に関することを可能なだけ知る必要がある」として、その知識を披露している。富田は、これに対して、「中村にとって料紙研究は参考までなのである。だから料紙論をやらなければという気負いはなく、自由に書き放っている感じである。面白いのは、文献に出てくる紙の多様な名称を分類整理しているところである」と評している。

次いで、富田は以下のように中村の料紙分類を披露している。

・品質による名称 ‐ 上紙・中紙・下紙・凡紙・麁紙（そし）・疏紙（そし）・荒紙
・厚薄による名称 ‐ 厚紙（厚様）・薄紙（薄様）
・原料による名称 ‐ 麻紙・布紙・檀紙（引合紙）・穀紙・斐紙・雁皮紙・三椏紙・（鳥子）・楮紙・藁紙・糊入紙
・製法による名称 ‐ 熟紙（じゅくし）・生紙・打紙★・揉み紙・壇紙・砂子紙
・染色による名称 ‐ 色紙・黄紙・浅緑紙・赤紙・縹紙（はなだ）・紫紙・紅紙・五色紙・紺紙・絵下紙・打曇紙・宿紙（薄墨紙）
・用法による名称 ‐ 綸旨紙・奉書紙・薬袋紙・起請文紙・経紙・襖紙・堺紙・傘紙・（高野紙）・熨斗紙（のし）・水引紙
・産地による名称 ‐ 美濃紙・土佐半紙・陸奥紙・杉原半紙・吉野紙・越前奉書・高野紙・西ノ内紙・紙屋川紙・西洞院紙（にしのとういん）

この分類に対して富田は、「多元的な分類の提唱は料紙論の進歩にとって重要な指摘であるが、ただここで中村が行っている分類基準ごとの例示は思いつき的に列挙したものであり、列挙された料紙の区別が説明されない以上、もう一練りも二練りもしないと料紙論に昇華しないであろう」と評している。さらに富田は、中村が分類した紙の名称について見ていく。「日本国内で生産される紙は麻紙・斐紙・檀紙の３種がある。楮は基本的な材料で名称はカミ草に由来とし、奈良時代には穀紙といった。楮の代用として梶を用いることもあり、これを梶紙といった」とし、「麻紙と穀紙・梶紙との関係につい

ての説明はないが、これらは一括できる同系統の材料で造られている認識で、紙面が白く多少滲みやすい紙を一括したのかもしれない」と推測する。

　斐紙については、「雁皮と三椏を区別しない伊木と同意見である。黄色っぽいすべすべした紙面の紙を一括したのかもしれない」という。「檀紙は黒板・伊木と同様にマユミを原料とした、厚みのある紙で、目録・免許状・提示用・回章に用いた」とし、富田は、中村がとらえる檀紙が、「厚く紙面に皺のある紙を一括したものであろう」「材料による分類としては、明らかな間違いではあるが、これを紙面の状態から受ける感じによる分類とすれば、料紙論としての有効性が出てくるかもしれない」と評している。

　中村は中国の紙についても触れており、「ふるわた（古棉）を漉き上げた前漢の紙、樹膚・麻頭・弊布・魚網から作った後漢の蔡倫紙（さいりんし）、敦煌経や北魏経の黄紙、唐代の穀紙や装飾紙、宋版一切経などに使われた竹紙、加工紙としての蠟箋（ろうせん）、明代の金彩粉箋（きんさいふんせん）・五彩箋・蠟箋、青檀（せいたん）を材料とした清代の宣紙（せんし）など」を紹介する。富田は、中村の料紙分類は、「和紙各説として、美濃紙。杉原紙・奉書紙・肌吉紙（はだよしがみ）、さらには江戸時代の紙・加工紙・起請文紙など気の赴くまま叙述していく」とし、「分類というよりはランダムな紹介」であると指摘する。

　次に、国文学者の伊地知鉄男の料紙論（伊地知1966）について述べている。富田は伊地知の料紙論は書誌学からする見解とした上で、まず、「中国における紙の発明・改良、日本への伝来、奈良時代に正倉院に伝わる豊富な遺品について紹介する。そこから、奈良時代の料紙の原料としては、麻・布（綿）・穀（楮）・檀（楡）（まゆみ）・楸（ひさぎ）・藁（わら）など多様であった」とする。「和紙を原料から見てその種類を大きく楮紙系統と斐紙系統に分ける。楮紙系統としては麻紙と穀紙・楮紙・宿紙がある。斐紙系統としては斐紙と三椏紙がある」、油紙・竹紙もこれに含めるという。「楮紙系統は白く柔軟な紙、斐紙系統は黄色っぽい滑らかな紙であることから一括されたと思われる」が、「マユミを原料とする檀紙については、大きな分類から除外し、楮紙のうちの一つの種類とする。」

　斐紙と三椏については伊木・中村と異なり、「明確に区別している」と富田は見ている。「麻紙・楮紙・斐紙・三椏紙の紙質の特徴、製法の違いによる細分類、用途などについて言及」する。「麻紙は、使い古した麻布・麻屑を砕いて漉いたもので、繊維は比較的かたく、薄漉きには不便であったが、肌理も細かく強く、耐久性に富んでいたため、経典など写経用として使用されている」という。伊地知の麻紙については、富田は「耐久性に富むとは何と比べてなのか、楮紙・斐紙・三椏紙と比べた場合、明らかに麻紙は弱い」と評価する。

　伊地知による楮紙・斐紙・三椏紙の分類は、「楮紙は、繊維があらく、紙面に光沢がなく、柔粗な紙質で、墨が滲む欠点がある」とし、「平安時代以後の畳紙・陸奥紙・檀紙・奉書、室町時代の杉原紙などがあり、文書類に用いられた」ものとする。「斐紙は、繊維が細かく強靭で、肌理が細かく滑らかで光沢がある」もので、「薄斐紙・斐厚紙の二種があって、平安以来の薄斐紙を薄様、室町時代の厚手を鳥子・強紙、江戸時代には雁皮と称した」とする。斐厚紙は「奈良・平安時代に写経・宣命・位記、歌書・物語の草紙類の帖、中世以降は色紙・短冊・連歌懐紙・その他の冊子用紙に用いられ、薄斐紙は和歌贈答の重ね紙・影写用紙として使用された」という。さらに三椏は、「江戸中期から製造され始め、繊維が太く短いが純白で滑らかな肌理であるとし、賞状・紙幣など近代における用途が示されている」とする。富田は、伊地知の述べる斐紙について、「述べられている諸用途の書籍典籍には斐紙も少なくないが、それ以上に楮紙の打紙が用いられている例が圧倒的に多いから、その叙述は大幅な書換えが必要となろう」と評している。なお、打紙に対する富田の評価は、大川・増田（1983）の論に拠っている。

　伊地知の三椏紙の解釈に対しては、江戸時代における用途についての説明がないこと、池田寿の研究（2010）によって三椏紙が奈良時代からつくられていること、中世文書料紙としてその利用が認められることが明らかとなっており、伊地知の見解を否定している。さらに、伊地知による楮紙系統・斐紙系統の分類は紙面の風合いによるもので、中村の分類に類似するが、黒

板・伊木の研究に次ぐ課題としては、檀紙・杉原紙・奉書紙等の紙質に対する明確な説明が必要であり、不十分であるという。なお、伊地知は加工紙・装飾紙についても言及しており、書籍・典籍まで視野に入れた分類であることが明らかとなった。

▌5. 富田正弘による料紙論総括：小野晃嗣・寿岳文章

　次に富田は、古文書研究が様式論・様式変遷論に言及し古文書料紙研究が低迷していた頃、古文書学界における古文書料紙論に大きな影響を与えた小野晃嗣・寿岳文章の和紙に関する所論、特に古文書料紙論に関連する叙述について検討を加えている。

　富田は、小野の著書である『日本産業発達史の研究』(1941)に掲載する「中世に於ける製紙業と紙産業」という論文をあげており、本節では小野が取り上げている楮紙系統の檀紙・杉原紙・美濃紙・奉書紙、斐紙系統の鳥子について見ていく。

　まず、小野は中世における公的文書の料紙は檀紙・杉原紙であるとする。檀紙は禁裏・将軍家の公用紙とされ、中世を通じてその紙質・大きさが異なるとする。鎌倉時代には天地寸法の長い高檀紙が、南北朝時代には大高・小高の区別がある。産地は室町前期までは讃岐、その後備中になるという。杉原紙は平安時代後期より播磨国杉原庄で始められ、鎌倉時代より武家の公用紙用いられ、鎌倉後期から寺院において版経の用紙、南北朝以降公家の公用紙に用いられたとしている。

　これに対して富田は、「鎌倉時代の将軍家下文・下知状の紙はどうみても檀紙であり、杉原紙ではない。」とする。「小野が引用する『書札作法抄』などの史料を見ても鎌倉時代では武家の書札つまり私信に用いられたのであり、武家の公用文書になるのは南北朝・室町期とすべき」と述べている。一方の小野は、杉原の紙質について、『好古小録』（こうこしょうろく）の説により、板漉きで簀の目がないものであるといい、普通の杉原紙のほかに強杉原があるという。杉原紙の主産地は中世を通じて播磨国であり、中世末には周防（すおう）・加賀・石見（いわみ）・

越後・備中など地方産の紙が現れるという。

　次に小野は、中世の公用文書料紙以外の日常の料紙——美濃紙・鳥子・奈良紙があるという。美濃紙は、室町時代の文明年間（1469 ～ 87）以降史料に散見する美濃国産の紙の一般名称で、森下・薄紙・薄白・天久常（てんぐじょう）・雑紙・中折・白河等の紙種がある。厚手の紙は草紙等の料紙、扇紙・障子紙等に用いられた強靭な紙であるとしている。これに対して富田は、「しかし、美濃紙が他国でも生産されるようになり、特定の紙質を持った分類名称となるのはいつかについては言及されていない」と反論する。

　小野は、鳥子は雁皮を材料とするが、古代の斐紙・美紙の中世的な名称であり、鎌倉時代末に初見し、室町時代の文明年間以降史料に頻繁に現れ、薄いものを薄様、厚いものを厚様、模様を装飾した打曇等の種類があるとしている。良質堅牢で高価なため、その流布は貴顕の間のみであったとされ、色紙・和歌集・写経・贈答に用いられたとする。また本来は書札様料紙ではないが、便宜的に御内書・門跡（もんぜき）の書状・大名感状（だいみょうかんじょう）、下文にも使用されるという。

　なお、奈良紙は大和国興田庄（おきたのしょう）・柳原・十三郷・五位庄等の大和平野南部を産地とし、興福寺大乗院などから京都の公家武家へ献上され、禁裏の女房達が〝やわやわ〟と呼んでいた紙である。薄手の紙で酒拭紙（しゅしょくし）としても使用され、模様入りなど風流なものがあったとされる。吉野紙も同様なものであり、近世に奈良紙にとって代わるといい、古文書料紙には用いられないとする。ともに室町時代から見られるようになる。

　そのほかの地方産紙として、小野は但馬紙・修善寺紙・甲州繭紙・藁檀紙（わらだんし）・市川大門肌吉（いちかわだいもんはだよし）・紀伊紙・高野紙・土佐仙過・阿波苦参紙（せんか）（くじんし）・石見紙（いわみがみ）等を取り上げ、間似合紙（まにあいし）についても言及する。間似合紙は大面積の紙で、障壁画・掛物・絵巻物の料紙とされる。『和漢三才図会（わかんさんさいずえ）』では半間の尺に間に合うことから名付けられたとされる。屏風などの料紙があり、比較的強靭さが必要とされ、鳥子が用いられた。近世では縦1尺2寸、横2尺1寸から3尺3寸5分ほどであったという。摂津名塩・和泉港村産は天子鳥子（とりのこ）といい、泥土を混入したが、越前産間似合はまったく土を入れないという。奉書紙は、

越前国五箇郷で漉いていた御教書紙が中世末から近世初頭にかけて奉書紙となったとされる。御教書紙は御教書杉原などとも言われ、杉原紙の一種で良質のものである。そして元和年間（1615〜24）以前には江戸幕府の公的料紙として採用されるようになったとする。史料上の初見は、元亀４年（1573）とするが、この頃三田村家が織田信長に奉書紙の上進を約束しているという。奉書紙の紙質までには踏み込んでいないが近世に公用紙となった杉原紙系統の料紙として位置づけている。小野の論では、近世の大高檀紙や近世の公用紙としての美濃紙についての言及はない。

　富田は小野の所論に対して、「料紙の名称が史料的にいつからいつまで現れ、主要な産地はどこかという点に関心が向けられ、その紙の紙質がどのようなものであるのかの叙述は少ない。紙の生産流通を主題とし、文献史料に重心を置いた研究であるから、そこまで期待はしていけないのであろう」と評している。

　次に寿岳文章の料紙論に触れる。寿岳は戦前・戦後を通じて和紙に関する総合的研究を重ね、その研究成果を『日本歴史叢書　日本の紙』（1967）にまとめている。この本に対して富田は、「日本の紙に関する歴史的展開について本格的に叙述した最初の書であり、今なおこれを超える著作は現れていない。したがって古文書料紙論を志す我々としても、この著作から学ぶべきことは多大である」と称賛する。また「正倉院文書他原本、柳井家等の古紙コレクションの調査や前近代から続く紙漉き場の実地踏査等を行っているから、これらの知見を踏まえた叙述であると思われるが、多くは古文献の史料に基づくものとなっている」という。

　まず古代の紙について寿岳は、正倉院文書所収の料紙名称をすべて抽出し、多元的に分類している。分類は以下の通りである。（1）成紙の原質となった材料を示すもの、（2）産地を示すもの、（3）色相を示すもの、（4）色相を造りあげた染料を示すもの、（5）形状・長短を示すもの、（6）用途を示すもの、（7）品質を示すもの、（8）加工の道程を示すもの。

　富田は、この分類には中村直勝の分類法と共通するところがあるという。

「(1) の原料から分類すると、楮紙（穀紙）・斐紙・麻紙・檀紙・竹幕紙・杜仲紙・楡紙・波和良紙・真弓紙などがあるという。このうち檀紙・真弓紙は同じもので、マユミの繊維を原料とした紙としている。平安時代の檀紙はこれとは別で、コウゾを原料とする一つの細分類に属する紙であるとする。竹幕紙は竹紙のことであるという。杜仲紙はツルマサキ、波和良紙は稲わらを原料としたものである」という。

　寿岳は、平安時代に入ると大同年間（806〜10）に図書寮別所として紙屋院が設置され、公用紙を抄紙したが、11世紀末には漉返紙である宿紙のみ抄紙（紙漉き）するようになり、口宣案や綸旨の料紙に利用される。これに対して、地方産の陸奥紙などが商人等によって京都に持ち込まれ公用紙にとって代わるようになる。この陸奥紙は、「光沢のある、ふくよかな感じの、やや厚手の紙」である檀紙であり、コウゾを原料とするものであるとする。陸奥は弓を作る真弓の産地であり、真弓との密接な関係がある。陸奥紙は真弓紙であり、真弓は檀とも書かれ、陸奥紙が檀紙と言われるようになったとして、陸奥紙と檀紙は同義語であると論じたのである。

　これに対して富田は、「陸奥紙がコウゾを原料とした檀紙であるとする説は、鎌倉時代以降の檀紙の遺品と考え合わせて肯けるものであるが、陸奥＝真弓＝檀という一種の連想から陸奥紙が檀紙と呼ばれたというのは説得のある説明ではない。とはいえ、黒板・伊木らは鎌倉時代以後も檀紙はマユミから造られたと考えていたのを、平安時代以降の檀紙は、コウゾを原料とするというように訂正した功績は大きい」と評している。

　富田はまた、寿岳による檀紙・引合、杉原紙、美濃紙、斐紙、修善寺紙・奈良紙、奉書紙に対する説明の検討を行っている。陸奥の特産であった陸奥紙＝檀紙は、平安時代後期以降、ほかの地方でも抄紙されるようになる。そして陸奥檀紙が鎌倉後期頃に衰退し、代わって讃岐が主たる産地となるが、室町中期以降は備中に代わって有力な産地となり、中世の檀紙は「厚様陸奥紙の流れに沿って、自己を特殊化していく」とし、いくつかの檀紙の特徴を説明する。

（1）南北朝期の義堂周信『空華集』にみえる蠒紙は檀紙の根拠として「繭に似た紙」という性質を持っている。

（2）室町初期に鮮于枢が元に持ち帰った松皮紙は、「平潤緻密でない男性的な紙面で松皮を連想させる」もので、これが大高檀紙であるとする。元和年間の『居諸集』にみえる蛮紙も松皮紙と同様の檀紙であるとする。

（3）備中柳井家の元亀・天正期（1570 〜 92）の古制檀紙は、室町時代中期の檀紙の面影を伝えているとし、「十分に叩解された良質の楮を原料とし、一見繭のような生地と光沢をもつ堂々たる風格の厚紙」とする。また「分厚く簀目も刷毛目あとも荒々しく、いかにも群雄割拠時代を想わせる野武士的な力強さを持つ」板干しの紙であるものと『塞驢嘶余』にある「板に貼って乾かさず、縄に掛けて乾かし、朝露にあて、皺の寄りたるを少し打つ」とする「吊り干し」の方法によるもの。

（4）紙面に「技巧的な皺文が現れる」のは元禄年間（1688 〜 1703）以降であり、それ以前には人工的な皺文はない。

（5）近代の檀紙は「菱形の皺文のある、ももけやすい、奉書をやや堅く引き締めたような紙」であるとする。

　上記の寿岳が述べた中世以降の檀紙のイメージについて、富田は「これらの檀紙はその時代変遷を示すものであるが、その系譜関係の厳密な検討を行うに至っていない」とし、「系譜関係を明らかにするには理工系研究者との共同研究を必要とする」という。また「寿岳がその系譜を明確に出来なかったのもやむを得ないことで」あり「いわば研究段階の制限があったと言わざるを得ない」と述べるも、「檀紙の時代的変遷を意識し、檀紙の多様性を提示した功績は大きい」と評している。

　富田は寿岳の檀紙論について検討している。寿岳は、「檀紙は鎌倉後期に高檀紙が現れ、南北朝期には大高檀紙との区別ができるとし、大高・小高の別は皺の種類や品質の上下をいうのではなく、全く紙の大きさをいうに過ぎ

ない。近世には大鷹・小鷹と表記されることが多くなるが、高あるいは鷹は「タケタカ」を示すものとして変わらない」という。また大高檀紙の用途については、「公家や僧侶の公的用紙と考えているが、武家の公用紙としては杉原紙である」という。この論について富田は、ここには「備中柳井家の檀紙寸法が示されているが、中世の高檀紙との比較は行われていない」という。「室町将軍家文書の高檀紙あるいは大高檀紙の高さと豊臣秀吉および徳川将軍家文書の大高檀紙の高さには 10㎝以上の差があり、同じ大高檀紙と呼ばれていても、これらの間には大きな性質の違いがあり、別種の紙と捉えた方が分類としては都合よく説明できる」という。用途については「鎌倉将軍下文・幕府下知状や室町将軍御判御教書・幕府下知状は高檀紙または強杉原を用いている」ため、寿岳の指摘を否定している。その上で、「幕府奉行人奉書などには米粉の大量に入った杉原紙を使うようになるが、杉原紙は武家公用紙の主流ではない」述べ、この時代の伝存文書の原本調査の欠如が弱点となっていることを指摘している。

　次に檀紙の一種である引合について、寿岳は、「高檀紙同じ鎌倉後期に初見するが、室町時代には特殊化し別物になったという。別種となった引合の紙質は杉原紙に近かったとする。杉原紙はのちに米粉を大量に入れて一見のちの奉書紙のような風合いになるといっているから、引合を非常に良質の紙」として考えていたことから、富田は引合を系譜論的に見ていることに注目している。

　寿岳の杉原についての解釈に触れる。寿岳は、「平安時代後期に播磨国杉原庄で漉き始められ、公家の写経料紙等に用いられたが、その品質が低下したため、鎌倉時代では専ら武士らによって文書料紙として用いられていった。そして鎌倉末期に武士が京都に進出するようになり、公家文化と武士文化の融合を背景に公武の公用紙に使用されるようになる。近世には、杉原紙は色を白くするために米粉を加えるようになり、糊入れとも呼ばれるようになる。これに対して中世の杉原紙は糊を入れず、檀紙や引合の面影を残している」とする。これに対して富田は、「このような杉原のイメージは、文献史料を

観念的に解釈したものに過ぎず、文書原本に徴して考えた場合、到底受け入れることはできない」といい、杉原紙の遺品（伝来文書）を調査した場合、「平安時代後期から既に米粉（米糊ではない）が填料＊として加えられており、江戸時代に初めて入れるようになった訳ではない。」「また、室町幕府奉行人奉書の料紙に典型的に見られるような大量の米粉が添加された紙がそうであるように、杉原紙は中世に於いても米粉を入れることによってそれなりの良質化を図っていたとみることができる」という。富田は原本調査の確認と料紙の成分観察によって成し得るとし、文献の解釈だけでは限界があることを示唆するのである。

　あわせて富田は、寿岳の藤貞幹『好古小録』記載の「板ズキの杉原紙」の解釈についてふれ、「寿岳はこれを永享年間（1429〜41）に現れる強杉原・鬼杉原のことであり」、「尋常杉原と区別された厚手の杉原紙という解釈である」と推測し、「杉原紙の一種・杉原紙の範疇のうちという認識である」とする。「しかし、この料紙は文書料紙論からすれば、室町期の足利義満の御判御教書に用いられる重要な公文書の料紙でもある。そのことから考えても、強杉原は杉原紙の系列からでたものの、杉原紙から独立した楮紙の細分類の一つの紙種」として考えるべきという。

　富田は寿岳の美濃紙について、古代以来の美濃国産紙の総称で、草紙本料紙の厚美濃紙、傘紙にも用いられた森下紙、米粉を混じて白くした薄手の薄白、漆濾しなどに用いた典具帖紙、低廉な日常使いの雑紙である白河など多彩な種類の紙であると指摘する。さらに文書料紙論からの意見を提示している。「美濃紙といえば、近世において幕藩役所文書や地方・町方文書に使用された公用紙であり、白河などの雑紙から良質化していった中厚で米粉を含まない強靭な料紙のこと」で、寿岳は「楮紙の細分類の一つの紙種として概念化する考えはないようである」という。

　次に、寿岳のガンピを原料とする斐紙系統の料紙論に注目する。寿岳は、鳥子について、「嘉暦年間（1326〜29）に文献史料に初出し、鳥卵の色相を持ち、肌滑らかで、堅く、紙王と呼ばれた紙である。引合と同格の公的用

紙であった」と述べる。富田は、引合・鳥子は公的な用紙ではなく、公的用紙の高檀紙や強杉原の応急時の代用として用いられた料紙であるという。また、鳥子は特殊用途として禁制・軍勢催促状等の公文書や戦国期の武将の書状などに用いられ、さらに上層階級の書状料紙であった引合の代用としての用法もあったという。

　寿岳は、斐紙系統の紙名として『日葡辞書』から薄様・厚様・打曇・雁皮・鳥子・間似合を抽出し説明している。薄様・厚様は鳥子の薄いものと厚いもの、打曇は斐紙の装飾紙、鳥子は斐紙の別称、雁皮については説明がない。間似合は大型の鳥子で、半間の間尺に合ったもので、掛物・襖絵・絵巻物に用いられたという。この間似合は粗悪な泥入りの漉返しである泥間似合とは異なる。装飾紙の打曇は鳥子の上下に青と紫の雲頭を漉き重ねたもので、色紙・短冊に用いられた。そのほか、飛雲・水玉・墨流などの技法で造られる装飾紙があるという。この点について富田は、「斐紙の細分類を体系的に説明している」と評価している。

　そのほか、寿岳は、修善寺紙について言及しており、修善寺紙は室町中期以降江戸初期に至るまで少なからず散見するとし、室町中期のものは薄紅色を呈し、近世のものは簀目があったという。これらの原料は伊豆に多いサクラガンピであると説明する。寿岳はまた、近世に入ってからの紙種として奉書紙を取り上げ論じている。

　奉書紙は、『尋憲記』元亀４年（1573）に越前にて「奉書かみ」を購入した記事を初見とするが、越前で守護斯波家に奉書の紙を納めていたという三田村家が、その後織田・豊臣・徳川の「御用紙漉立工的地位」を確保し、奉書紙を納入するようになったという。寿岳は、奉書紙を杉原紙の系譜を引く近世を代表とする紙ととらえ、コウゾを原料とした堅硬で純白、肌濃く皺がない紙とする。大広奉書・御前広奉書・大（本政）奉書・中（相政）奉書・小（上判）奉書の別があり、大きさが異なるという。

　富田は、こうした寿岳の奉書の所論に対し、「杉原の系譜を引くというのは小野晃嗣の見解と同じであるが」、その根拠については杉原の良質化にあ

るとしか述べていないという。「寿岳は近世の糊入れという杉原紙を質の悪い杉原紙と捉えているから良質の紙とする奉書紙に米粉が大量に添加されているとは思いもよらないこと」とし、さらに「近代になって岩野市兵衛が越前奉書を白土入りに変えてしまったため、近世の米入り奉書紙が分からなくなった」という。また「奉書紙が杉原紙の系譜を引く紙であるのは、室町幕府奉行人奉書等の文書料紙に見受けられる米粉を大量に添加した杉原紙を良質化し厚く大きくしたものである。この点から杉原紙の系譜を引くと言える」と述べる。

　富田はまた、寿岳が近世の紙として「大高檀紙」を取り上げていないといい、中世の檀紙のなかで、檀紙の丈の高いものを大高檀紙とし、江戸時代の大高檀紙もこの範疇でとらえていると考えているが、近世の文書料紙論から言えば、最上級の文書料紙は将軍の判物・朱印状に用いられる大高檀紙であって、老中奉書に用いられる奉書紙はその下の紙となる。この点については見直しが必要と考えている。

　富田は、寿岳の和紙に関する所論に対し、「古文書料紙論から見て最も評価すべきところは、小野の所論にもうかがわれることではあるが、料紙の系譜的な観点が含まれているという点」にあるとし、系譜的観点が含まれている理由は、文献史料の叙述よることが大きい要因であるとの見解を示している。また、「寿岳らがどれほど意識的に系譜論を行ったかは疑問としなければならない」が、「寿岳の所論を文書料紙論の立場のみで批判するのは、その業績を不当に評価することになる」といい、「まだまだ寿岳の研究成果から学ばなければならない面が多々ある」という。だが反面、寿岳の研究方法として、文書等原本の時系列調査ならびに料紙成分の科学的調査の弱さから、「物足らなさを感じる」と評し、「これらの方法的欠陥の克服はのちの研究者に残された課題である」と述べている。

▌6. 富田正弘による料紙論総括：田中稔・上島有

　富田は、黒板から寿岳までの料紙研究は、文献史料による研究がその中心

をなしてきたことは否定できず、この研究法によるのみの研究では手詰まりであったという。この時期に現れた論文が、田中稔「紙・布帛・竹木」（1967）と上島有「中世の檀紙と御判御教書」（1978）である。田中は国立奈良文化研究所・国立歴史民俗博物館に籍を置き、多くの古文書・書籍・典籍の原本調査に従事した研究者であり、上島は京都府立総合資料館において東寺百合文書の整理調査を担当し、大学へ転出後は各地の古文書原本調査を重ねてきた研究者である。両者はこれまでの研究者に比べてより現物の文書料紙に即した考察ができる研究者で、「出るべくして出てきた研究であり、両者の料紙論によって、やや停滞していた料紙論を打破したことに違いない」と述べている。

　まず田中の文書料紙論全体を考察する。富田によると、田中は「範囲は古文書・書跡・典籍全般にわたり、時代は江戸時代が手薄ではあるが、一応奈良時代から江戸時代に及ぶ。料紙体系論の特徴は原料による分類と抄紙法・用途・産地による分類というもので」、「中村直勝や寿岳文章の分類に近似している」という。「原料による分類」は「麻紙・楮紙（穀紙）・斐紙（雁皮紙）・三椏紙・苦参紙の５種類」（藁葉紙も不明と断りながら種類に追加しているので６種類となるか）をあげる。苦参紙は『延喜式』にみられるが、実例は確認できず、ほかの４種類（藁葉紙を含むと５種類）が日本の紙の主要な紙ということになる。「ただし、麻紙は平安前期で生産されなくなり、三椏紙は江戸時代に生産されるようになる」、また「特に檀紙（マユミ紙）については確認できないとして排除する」という。三椏紙は前述した通り、奈良時代から抄紙されていること、中世文書料紙としてその利用が認められることがわかっている。檀紙（マユミ紙）は、奈良時代の遺品や文献史料、文化財復元紙実験でその存在が明らかとなっている。

　田中の抄紙法・用途・産地による分類は、檀紙・引合・宿紙・杉原紙・奉書紙を対象とし、そのほかとしたものは、厚さによる分類、産地による分類、装飾料紙の種類をまとめたものである。富田は、田中の料紙体系論は二元的というよりも多元的様相を帯び、さらに抄紙法の時代的変遷論が加え、寿岳

を除くほかの料紙研究者には見られなかった視点を目指した研究と解している。

　次に田中の「原料による分類」の内容を検討する。富田によると、「麻紙は、主として奈良時代から平安時代前期にかけて作成使用されたが、その繊維がよく叩解^{こうかい}されていて、緻密で落ち着いた上品な味わいを持つと（田中は）いうが、紙面に平滑さを欠いており、ざらざらとした触感を持つ。また『文字が書き難く』、経年劣化により裂け易い欠点を持つため、平安前期を過ぎると使用が急減するといわれており、写経等の典籍書写および詔書★・勅書・宣命^{せんみょう}等に用いられた。遺品の中には麻紙に斐を混入し、繊維の分散性を高めて均一性をよくすることにより、表面が平滑で美しい麻紙を料紙としたものも見られる」という。麻紙の抄紙に雁皮を混入し、麻繊維の分散を高めて均一性をよくすることは、製紙化学の町田誠之がガンピの粘性効果を利用したもの（町田 2001）としており、田中はこれを理解していたとみるべきである。

　田中はまた、「楮（穀紙）はコウゾ・カジなどクワ科の喬木^{きょうぼく}の樹皮繊維を原料とするが、コウゾが抄紙に優れるため専らこれを用い、和紙の多くはコウゾを主原料とするようになったという。美しさでは麻紙・斐紙が楮紙に勝るが、強度では楮紙が優れる」といい、古文書には純粋の楮紙を用いるが、経典・典籍の書写においては楮に雁皮を混ぜ漉きした料紙（斐交じり楮紙）を用いている。これは表面を平滑にし、紙を美しくし、筆を走りやすくするためだという。

　一方、富田は、「最近の研究では斐交じり楮紙と従来考えられている料紙の多くは楮紙の打紙であったことが明らかとなっている」と提示した（大川・増田 1983）。「田中のいう斐交り楮紙の例はないわけではないが、それほど多いものではない事が分かってきた。研究の現段階では、それが打紙であるかどうかは、顕微鏡観察で容易に識別できるようになっているが、田中の時代にはそのような研究方法はまだ確立されていなかった」と論じる。「斐紙（雁皮紙）は、各種の紙の中で最も平滑で美しく、透明度が高いために敷^{うつ}き写し

に適して」おり、「奈良平安時代には強度を増すために楮を混ぜ漉きし、粘葉装の典籍に用いたが、鎌倉時代以降、純粋な斐紙の使用例が増加し、それが地卵の殻の色に似ているので鳥子と呼ばれた」ものである。「江戸時代になると、三椏を混ぜ漉きした斐紙、椏紙の鳥子風のものも鳥子と呼ばれ、現在では雁皮・三椏・楮の混ぜ漉き紙の名称に」なっている。したがって，文書への使用例は「室町時代中期以降の将軍御内書・武家直状《じきじょう》・願文・請文《うけぶみ》・寄進状などである」という。

　三椏紙については、田中は「ガンピと同じジンチョウゲ科のミツマタを原料とする三椏紙は、斐紙より透明度は低く、強度も劣るが、平滑な面を作ることができ、抄造も容易である」とし、「三椏の製作は17世紀後半以降のことで中世以前では使用されていない」とする。しかし富田は、「最近の研究では、三椏紙の使用は既に古代から見られるところであり、中世においても東国を中心に使用されている例が少なくない」という（池田2010）。

　次に富田は、田中の抄紙法・用途・産地による分類による檀紙・引合・宿紙・杉原紙・奉書紙についての所論の検討を行った。原料の分類から見ると、宿紙を除いていずれも主として楮紙系統に属するものである。奈良時代のマユミ紙は存在が確認されないとして除外していることは、前述の通りである。平安時代の陸奥紙、鎌倉初期の檀紙・高檀紙は、原本に徴《ちょう》して検討しなければならないと意見を保留しつつも、檀紙の範疇のうちと考えていることは理解できるとする。田中は檀紙の皺文の付け方により次の類型に分類している。

（1）鎌倉中期以降の「簀目なりの横線凹凸文を持つ」檀紙
　　叩解度がやや粗く、手触りに硬さがあるというもの。太い萱簀で漉いた紙に自然についた皺。江戸時代以前では淡褐色を帯びている。
（2）江戸時代徳川綱吉の代まで「横線凹凸文を持つが後代になるほど白く光沢を増す」檀紙
（3）将軍綱吉以降の「縮緬《ちりめん》状の凹凸文」を持つ檀紙
　　比較的格の低い寺社や武家に対する朱印状に用いられ始めるとするも

の。縮緬状の皺とは、現在の紙漉き職人が行っているように、紙を乾燥させる際に紙床から紙を鋭角に剥ぎ取る方法で人工的に付けた皺。

　　白くて叩解度が高く、手触りが柔らかいもの

（4）さらに時代が下り、「板押し横細凹凸文」を持つ檀紙

　　公式の文書には使用されず略式の文書に使用されたもの。

　　富田は、「これらの檀紙像は近世の大高檀紙をモデルに構築されているが、古代以来の檀紙を考えるのに近世の大高檀紙の類型だけでは捉えきれるものかどうか聊か疑問である」とし、「寿岳の提起した種々の檀紙像との徹底的な突合せを経た批判的検討が必要」と述べている。

　田中は引合に関して、檀紙系統に属する料紙で皺のないものとし、院宣・御教書・下文等に用いたとする説、その初見の鎌倉後期には檀紙と引合は別物とされるが、室町後期は高檀紙でない厚手の檀紙を引合と称する説を紹介するだけであり、自身の意見は保留していると、富田は判断している。

　田中は杉原紙を、平安時代末期に播磨国多可郡杉原で生産され、全国に拡大したが、特に武家においては書状用紙として使用された紙であるとする。しかし、武家の公文書料紙には杉原紙ではなく、鎌倉紙を用いていると室町初期の文献史料から説いている。この点では、「寿岳が鎌倉初期の杉原紙を武家の公用紙と捉えたのに対し、田中は正確に武家の書状用紙と捉えている」と富田は理解する。また田中は「杉原紙は檀紙や引合に比べて厚さの薄い紙で、格式もより低いものであるが、南北朝期には高檀紙の代わりに杉原紙をもちいることもあり、室町前期には強杉原や杉原檀紙といった格式の高い紙も抄紙するようになった」と述べており、これについて富田は「田中が伊木や寿岳と同様に強杉原を杉原の一種としてとらえている」という。

　宿紙について、田中は「反故紙を漉き返した紙で、もとの紙の墨が完全に洗い流すことが不可能なため、その色は薄黒く鼠色を帯びており、その色をとって薄墨あるいは薄墨紙とも呼ばれ」、「平安時代末期以降、綸旨・口宣案の料紙として用いることに定められたため綸旨紙ともいい」、「図書寮紙屋院

で漉いたため紙屋紙」ともする。これと関連して、『三代実録』仁和2年（886）10月29日条に、清和天皇女御藤原朝臣多美子は清和天皇崩御後、故人の書いた文書等を漉き返したものを写経料紙とし、法華経を書写して供養した記載がある。その記載にもとづくと、平安時代初期から故人の発給文書等を漉き返して供養経とする習慣はあったが、紙の希少性から再生処理を行えば漉き返して再利用することも可能であるため、一般的に漉き返しは行われたといい、仏典そのほかの典籍類にも実例があると述べている。

さらに、宿紙の用途は綸旨・口宣案、大間書の草案、ときには院宣に使用され、江戸時代の綸旨・口宣案には宿紙の代わりに墨染紙を使用することが一般的になるとされている。現存最古の綸旨である天喜2年（1054）後冷泉天皇綸旨（醍醐寺文書）は白紙であり、綸旨に宿紙を使用するのはこれ以降のこととしている。この綸旨の料紙に対して富田は、「管見の限りではこの料紙は漉き返し紙で、その色も非常に薄いが薄墨色であって宿紙と判断できる」と論じる。「宿紙は初期においては色が非常に薄く、時代が下がるにつれ色が濃くなっていくという傾向と合致をみる」という。

富田は、文書原本の調査から、墨色をほとんど脱色した漉き返し紙が文書料紙として多く存在することを提示し、このような漉き返し紙については、誰も料紙論の問題として取り上げることがなかったため、今後、宿紙を含めた括りの「漉き返し紙」という紙種が問題されるべきであると主張している。

次に、奉書紙は安土桃山時代頃から史料上に見受けられ、江戸時代には将軍の判物・朱印状は檀紙、老中奉書は奉書紙と截然とした区別が付けられていたとする。安土桃山時代以降の奉書紙はよく叩解された楮を使い、純白で緻密な美しい紙であるが、原料処理の面では「縮緬状皺文檀紙」と類似したところがあるという。富田は、顕微鏡を用いていないため、奉書紙に大量の米粉が添加されている紙ということに田中が気づいておらず、奉書が中世以前における檀紙・引合・厚紙等といかなる関連・系譜を持つのかという課題を残す結果となったと推察する。

田中は抄紙技術に関心が高く、自身の料紙論に抄紙技術の変遷を取り入れ

ている。漉き方には溜漉き・流し漉きの二つがあり、奈良時代には溜漉きが行われていた。トロロアオイ等の粘剤(ネリ)を使用する方法が発明されると、漉桁内の繊維の動きが円滑になり、漉桁を前後に動かすことで捨て水を行い、素材の繊維に方向性を持たせて厚薄の斑を防ぐことが可能となった。この流し漉きの技法は平安時代初期であったとされている。田中によると、現存する各時代の紙を比較すると、各時代に共通する特徴が現れているという。奈良時代から平安時代初期の写経料紙をみると、麻紙・穀紙の繊維はよく叩解されている。これに対し、平安時代後期以降の写経料紙は全般的に叩解度がやや低く、長い繊維束が混じるという。また平安時代以前の料紙を透過して観察すると全面的にかなりの厚薄の斑が見受けられるとする。鎌倉時代以後の紙には厚薄の斑が少なく、より均質に漉かれた紙が多いという。これについては、鎌倉時代初期前後に抄紙技術の大きな変革によると推測している。

　斐紙系統の紙については、14世紀初頭から純粋の斐紙が少なくなり、混合物もそれ以前とは異なるものが多いとされ、紙面の墨乗りが悪く、油のついた上に書いたように墨が弾いた部分が多く見受けられる。文書に使用される楮紙にも、南北朝時代後期から室町時代初期にかけて紙質の変化が見られ、多彩な料紙が出現してくる。田中は、この理由として室町期に産地名を冠する紙名が多くなることに関連があるのではないかと推論する。さらに、文書料紙の質が大きく変化する時期は江戸時代の寛文から宝暦年間（1661～81）を過ぎた頃といい、これ以後、漉き方がさらに斑のない均一なものになり、明治以降現代に至るまでにつくられている紙と大きな相違はないと述べる。鳥子系統の紙に三椏を使用すること、楮紙に泥を多量に混ぜて鳥子風に仕上げた「泥間似合」が出現すること、檀紙で、紙面に「縮緬状皺文」を付けたものが出現することは、現物を見る限りではこの頃であり、17世紀後半は製紙法上の大きな技術変革期と考えてよいのではと推論している。

　この田中の論に対し、富田は、「文書料紙の表面観察からその料紙製作の時代を判定することは、古文書料紙論にとって重要な課題の一つである。その判断根拠が繊維の叩解・厚薄の斑・繊維束・墨乗り・混ぜ漉き・繊維の流

れといったものであり、まだ十分な成果としてまとめ切れていない印象を受ける」と評している。

　田中は、料紙の大きさ・縦横の比率による時代的変遷についても述べている。「写経料紙の一紙の長さについては、奈良時代から平安時代初期まではおおむね56cm前後で、時には51cm前後のものもあるが、これはやや少ない」とされている。しかし、「平安時代後期以降は51から52cm前後が普通で、55cmを超えることは稀であり、時代が降れば50cm以下のものが多く見られるようになる」。また文書料紙については、「平安時代の紙は縦の長さに比して横幅の大きいものが目立つ。院宣・御教書・書状・申状等に用いられるものの中には縦が約30cmで、横幅が55cmから56cm前後のものが数多く見られる」という。「鎌倉時代に入るとこのような院宣・書状に用いられる紙の寸法は縦がやや長く32から33cm前後になり、横幅は狭くなって通常長いものでも51から52cm前後に減ずるようになる」。さらに、「文書料紙の規格寸法は使用者の身分・格式によるところであるが、身分差による料紙寸法の相違は室町時代に入るとさらに顕著になり、格式の高い紙は大きいが、一般の文書料紙寸法は前代より小さくなる。しかしそれが一層截然たるものとなるのは安土桃山時代以降のことで、江戸時代になると朝廷・将軍の発給する文書と老中その他の奉書との寸法の相違はさらに拡大される」と指摘する。料紙寸法から、文書発給者地位格式を推測する手掛かりとすることを考えているのである。

　最後に、上島有の料紙論である。

　上島は、1976年に「南北朝時代の申状について」(『古文書研究』10)から料紙分類を始める。この時点では、実際の古文書料紙と中世に記録などに見られる料紙名称を直接的に結びつけるような段階ではないとする。そして検討の結果、(a) 奉書系(泥入り)の料紙(奉書Ⅰ)・(b) 檀紙・(c) 奉書系(糊入または糊なし)の料紙(奉書Ⅱ)・(d) 美濃系の料紙(美濃紙)(e) 普通の楮紙の5分類とした。

　上島は分類に用いた「奉書・美濃紙」は個別・具体的な「歴史的名称」で

はなく、「奉書Ⅰ」という「歴史的名称」とは無関係の「もの」に即して分類した「抽象的な分類名」とする。

　さらに上島は、10年余東寺百合文書の整理に従い、紙漉き場を巡って抄紙技術を学んだ結果、中世文書料紙について「大まかな分類」ができるようになったとして、「奉書Ⅰ・奉書Ⅱ・檀紙・奉書Ⅲ・美濃紙系・普通の料紙」という分類を「中世の檀紙と御判御教書」（『日本歴史』363、1978）で提示するのである。上島はその前年「まぼろしの紙檀紙」（『百万塔』44）においても料紙体系論を披露しているが、富田は上島のいうところの「奉書Ⅱ」と「奉書Ⅲ」を区別した本論文をもって、上島の料紙体系論の原型の完成とみている。

　上島によると、

(a) 奉書Ⅰの料紙　これは現在の和紙で最高と言われる福井県今立町大滝の人間国宝故岩野市兵衛氏（現在はその長男市郎氏）の手になる越前奉書に似ているが、それよりもさらに粉っぽくて柔らかい良質の楮紙である。越前奉書に現在白土を入れるのが普通であるが、白土の量は現在の越前奉書より多いようである。

(b) 奉書Ⅱの料紙　この料紙の材料・製法の基本になるものは、おそらく（a）とほとんど変わらないと考えられるが、紙質は（a）より一段落ち、（a）ほどしなやかさ優雅さはないが、白土が交っており大きくて厚い料紙である。

(c) 檀紙　（a）（b）はいずれもしなやかで表面がすべすべしていて優雅な感じがするのに対し、これはがさがさとして荒々しさを持つのが特色である。すなわち中世一般の料紙は白ないしやや茶味を帯びているのに対し、これはそれよりずっと茶色がかかっており、大きくて厚いがさがさとした料紙である。

(d) 奉書Ⅲの料紙　（b）より一段紙質が落ちるのがこの料紙である。白土が交じった楮紙である点で（b）と共通するが、普通（b）より小さく

て薄く、大きさ厚さから言えば、次の（e）に近い。

（e）美濃紙系の料紙 現在岐阜県美濃市を中心に漉かれる和紙のように、楮を原料とし、白土などの交ぜものがなく、薄くて柔らかい料紙である。大きさはほぼ（d）と同じかそれよりもやや小さく薄い。

（f）普通の料紙 （a）から（e）までは良質の料紙であるが、（f）はそれ以外の一般の料紙である。

という。さらに上島は抽出した上記の6分類について、補足を加える。

（a）奉書Ⅰの料紙は、「古文書料紙の最高のもので、天皇・上皇・皇族の宸筆の書状類をはじめ、室町将軍の御内書など私信的な文書に使われ、公文書のような権威を求めるようなものではなく、優雅さを第一条件とした紙」で、「大きさは32cm×50cm前後、厚さは0.2mm程度」である。

（b）奉書Ⅱの料紙は、「鎌倉南北朝期の院宣、鎌倉幕府の下文・下知状、室町将軍家の足利尊氏・直義・義詮らの奥判・袖判の御教書・下知状・寄進状に使用され、堂々たる風格を持ち、公文書として最高の権威をあるもの」という。「大きさは32cm×50cmより大きく、厚さは0.2mmを超える」ものである。

（c）檀紙は、「室町将軍家の奥判・袖判の御教書・下知状・寄進状の料紙は、南北朝後期から室町初期にかけてそれまでの（b）奉書Ⅱの料紙から（c）檀紙で出されるように変化する。すなわち（b）も（c）も同じく公文書の権威を持った料紙である。

戦国期になるとこの料紙は荒々しさが失われ落ち着いたものとなっていく。料紙の一部にしわが見られるようになる。したがって戦国期の檀紙（室町将軍義輝御判御教書の料紙）は皺のある近世檀紙の過渡期の檀紙として位置づける。(b)奉書Ⅱと(c)檀紙とは紙質に共通点があるだけでなく、大きさ・厚さも大体同じであることから最高料紙として（b）から（c）へ引き継がれた」とする。

（d）奉書Ⅲの料紙は、「公文書に用いられる料紙であり、武家文書では室

町将軍の日下花押[にっかかおう]の御教書、管領奉書、室町幕府奉行人奉書などに使用される。大きさは 32cm × 50cm 以下、厚さは 0.2mm 以下」とする。

　（e）美濃紙系の料紙は、「大きさ厚さは（d）奉書Ⅲの料紙と同じくらいであるが、紙質は明らかに異なる。奉書Ⅲは白土が入っているが、美濃紙は白土を交ぜることをせず、薄くて柔らかい」とする。

　これに対して富田は、（a）奉書Ⅰは『二判問答[にはんもんどう]』みえる書状料紙として竹園[ちくえん]大臣家のほかは用いないとする「引合」であり、鎌倉から室町にかけての「引合」は上島のいう「奉書Ⅰ」のような紙と言える。しかし奉書Ⅰという名称は歴史的分類名称ではないため、名称としては不適切であるという。

　さらにこの分類に検討・修正を重ねて一応の決着点として提起したのが「中世文書料紙の種類」（小川信編『中世古文書の世界』吉川弘文館、1991）に見られる分類である。

　ここで上島は、「（ⅰ）奉書Ⅰ・（ⅱ）奉書Ⅱ・（ⅲ）檀紙・（ⅳ）奉書Ⅲ・（ⅴ）宿紙・（ⅵ）美濃紙・（ⅶ）斐紙・（ⅷ）その他の雑紙」の 8 分類を提案する。

　（ⅰ）奉書Ⅰは「中世古文書料紙のうちで最高良質の料紙である。外観上の特色は表面がすべすべしていて光沢があり、粉っぽくてふくよかでいかにも上品である」とする。

　（ⅱ）奉書Ⅱは奉書Ⅰに次ぐ良質の料紙で、大きく厚い。材料・製法はおそらく奉書Ⅰと変わらなく白土が交じるものであるが、紙質は奉書Ⅰよりやや落ち、奉書Ⅰほど優雅さ・しなやかさはない」とする。

　（ⅲ）檀紙は「奉書Ⅱと大きさ・厚さなどは変わらないが、優雅さ・しなやかさに代わってがさがさとして荒々しい紙」「白土の入る紙」とする。「奉書Ⅱと檀紙はともに公家・武家の公験文書[くげんもんじょ]の料紙に使用され、鎌倉期には奉書Ⅱが、南北朝期には奉書Ⅱと檀紙が並行し、室町期には檀紙がその料紙とされた」と述べている。

　（ⅳ）奉書Ⅲは「白土入りという点では奉書Ⅰ・奉書Ⅱ・檀紙と同様であるが、大きさ・厚さはそれらよりひとまわり小さくて薄く、質も落ちて、優雅さ・しなやかさという感じはなくなる。事務的な素気の無い料紙」とする。

そして「手続き文書としての院宣や室町殿の御判御教書、管領奉書や奉行人奉書に使用される」と述べている。

（ⅴ）宿紙は「紙屋院で漉かれる漉返紙であるが、使用法から単なる再利用として蔵人や図書寮から発給される文書料紙と個人の供養のためにその消息を漉返して写経する還魂紙（かんこんし）の使い方に分けられるとする。綸旨に用いたのは前者の使い方で、使用の早い例は康和２年（1100）堀河天皇綸旨であるという。綸旨に使用された理由は、はじめ護持僧の任命や祈祷命令に用いたことから考えて、物忌（ものい）みに関するものであるから綸旨に使われ、これによって綸旨が一般政務にも使われるようになって、やがて蔵人が発給する文書に用いられるようになった」という。また宿紙の墨色について「平安時代にはよくわからないほど薄いが、時代が下がるほど濃くなること、色を濃くするために墨染めした料紙を漉き込ませること、白紙を後染めしたものを代用した」といい、「宿紙の簀目・糸目★などから容易に紙の表裏判別が可能である」と述べる（現在、上島は物忌みに関する所論は否定しているようである。『日本史史料研究会研究叢書 9-1、中世の紙―アーカイブズ学としての料紙研究』2010）。

（ⅵ）美濃紙は「楮を原料とし、白土などの交ぜものがないもの」で、「奉書Ⅲと使用法がほぼ共通しているが、奉書Ⅲのほうがやや格上である」と述べる。

（ⅶ）斐紙について「ガンピ繊維はコウゾに比べて非常に短い」といい、ガンピを原料とする「斐紙は半透明で光沢があり、粘着性に富み絹のように優美な紙であり」、その色が「鶏卵の淡黄色に似ていることから鳥子と呼ばれる」という。「その種類として、薄手のものが薄様、厚手のものが厚様、白土や泥入りのものを間似合という。加工紙としては打曇・飛雲・墨流などがある」という。斐紙の使用については「南北朝時代から小切紙が軍事関係文書に使用され、室町時代以降、竪紙（たてがみ）★にも使用されるようになる」という。「本格的な使用は戦国時代以降で、室町殿の御内書、武将の切紙書状などに頻繁に用いられ、近世では領知目録に間似合がよく使われる」と述べる。

上島は「麻紙は奈良時代・平安初期には文書料紙として使用されたが、中世文書を論ずるには除外」するとし、「戦国時代には斐交じり楮紙・楮交じり斐紙が見られるが大きな意味はない」として「取り上げない」としている。

　また「従来の方法による限り中世文書の料紙の具体的な研究が不可能ということになれば、大きく発想の転換を考える以外に道がない。そこで従来の方法とはまったく別ものとなるが、現段階において全ての人が共通認識に立つことができる現在の紙を基準にして、中世の紙を考える以外に実際の中世文書を具体的に論ずる方法は残されていない」という。

　また現在刊行される和紙に関する書物には、越前奉書や本美濃の起源や、歴史的経過を経た現在の紙漉き場の様相、実際の漉き方といった詳しい報告は見受けられるが、奉書紙や美濃紙の抄紙方法を整理して説明されたものは管見の限り見当たらないという。しかし紙漉きの職人や和紙販売業者、文書修理技術者の話を総合して考えた結果、「奉書紙とは楮に白土をいれて漉いた紙で、何も交ぜないものを美濃紙というように規定」し、「以上のように分類すれば、一応中世文書の料紙全体をカバーすることができ、個々の文書の料紙を考える場合、比較的理解し易いという試論であって、これまで述べてきた引合・杉原紙といった分類のように、文献などで予め与えられたものではない。」と述べる。

　このように上島は、東寺百合文書の整理に携わった経験などから独自の中世文書料紙体系論を提示する。原本（古文書料紙）を直接調査・観察し、そこから導き出した画期的な論であった。しかし、分類名称は現代の製紙技術からのイメージであり、ここで使用される「奉書・檀紙・美濃紙」は歴史的分類名称ではなく、上島が独自に命名した「学術用語」である。また中世文書料紙分類にもかかわらず、「奉書・美濃紙」といった近世文書料紙の名称を含むといったものであった。

　上島は、「未定稿：中世紙の分類とその名称―再論中世文書料紙の種類」（2000　※同年の和紙文化研究会講演会において数量限定で頒布されていたもの）、「檀紙・引合・杉原考―中世の紙に関する研究動向」（『和紙文化研究』

8、2000）で、修正を加え、ここで良質の紙に白土は填料として入れるのではなく、よく洗浄した漉き返しの繊維ではないかと述べ、填料の有無についても意見が分かれることから、填料の有無を料紙分類の基準にすることは適当でないとしている。また外観に影響を与えるものではないと述べている（外観に影響を与えるものではないというのは誤りで、大川昭典は米粉を添加することにより、不透明度が高くなり透けなくなること、繊維と繊維の空間を埋めるため平滑度が増すこと、紙の収縮度が減少して寸法の安定性がよくなると論じている。〈大川 2017〉）。

　そして 2011 年に『日本史史料研究会研究叢書 9-1　中世の紙―アーカイブズ学としての料紙研究』を発表し、独自の理論を展開する。

　上島はまずグルーピング作業として「ものに応じた分類」である「土器の編年研究の方法」を応用し、分類するひとかたまりの文書を「その外観・色・楮の質、漉きの良し悪しなど、みたまま、感じたままに分類した」という。このように類型化・抽象化した作業を行い、名称についても文献に見える個々の名称―引合・檀紙・杉原という「歴史的名称」は、類型的・抽象的料紙の分類名称としてなじむものではないとして決別するとした。そしてきわめて抽象的な「第Ⅰ類・第Ⅱ類・第Ⅲ類・第Ⅳ類・第Ⅴ類・第Ⅵ類・第Ⅶ類」という 7 分類を提案したのである。また「第Ⅲ類」に関しては、近世へ踏み込んだ変遷論を提案し「檀紙Ⅰ（中世文書料紙体系の第Ⅲ類）・檀紙Ⅱa・檀紙Ⅱb・檀紙Ⅲ」としている。この分類の基準を可視化し、一覧表にしてみると、の分類は、原本料紙の持つ「風合い」や「雰囲気」や大きさ・厚みといった外観を主体とした主観的なアプローチによるものであると言える［**論末表参照**］。たとえば、第Ⅱ類の「優雅さ・上品さ」「威厳」第Ⅲ類の「言い知れぬ威厳、堂々とした風格」「荒々しい」第Ⅰ類・第Ⅳ類「粉っぽい」という表現は上島自身でも認識されている通り、主観によるところが大きいと言える。このような表現―優雅さ・上品さ・威厳・荒々しいといった印象の根拠はどこにあるのかが不明確であり、これらの表現だけでは他者にはすべての情報が伝わりにくい。原島陽一が「古文書研究」70 号（2010）で、上

島の著書に対し、上島の樹立した分類体系は、微妙な差異（第Ⅰ類は白くしなやか、優雅で上品、第Ⅱ類は優雅で上品、しなやかで白くなど）を基準として設定してあるため、第三者が新しく発見した文書にこの分類を応用するのは容易ではない」と評している。結局のところその判断は氏の卓見に委ねられる結果となり、説明されても他者が理解することは難しいのである。

　湯山賢一が指摘するように、上島の経験則による料紙分類を概観してみると、大まかなところは、原本と一致するところが多いように見える。しかし、現代に伝わる江戸時代、近世以降の製紙技術から、中世の料紙を論じる研究方法では古代・中世の料紙を理解することはできない。しかも現代の抄紙技術や用具は、明治以降、日本に齎された西洋パルプ製紙技術に対抗するため、土佐の御用紙を商いとする家を出自とする吉井源太等によって大きく変化したものであることを理解しなければならないのである（湯山賢一 2017）。また、湯山氏の教示によれば、「吉井源太自身が指導巡回した地域は限られるが、その弟子たちを含めると、ほぼ全国に影響を及ぼしたことは明白である。杉原紙出生の地である兵庫県多可町においても、明治に楮が三椏に変えられ、杉原紙が断絶した。現在各地の紙漉き場に、漉桁に竹の吊り手があり、2×3版（縦2尺×横3尺）で漉いているのは、すべて吉井源太以降のことである。つまり漉簀、漉桁の改良から、三椏栽培による原料の安定化以下、紙質の改良によって、和紙は大きく変化したのである。填料などもその一例である」という。

　したがって、越前奉書の漉き手である岩野市兵衛、岩野平三郎（その子息である岩野和夫の回顧録を含む）、京都の表具師で天明年間（1781〜89）創業の宇佐美松鶴堂の七代目宇佐美直八、美濃紙の漉き手である古田行三など現代和紙に関わる人達から情報だけでもって、古代中世の料紙を論じるのは難しいと言える。

　また第Ⅰ類・Ⅱ類・Ⅲ類は、板目・刷毛目が認められないこと、この料紙の厚みと現代の乾燥法から吊り干しと判断しているようであるが、吊り干しをしたのであれば形跡が残る。私は上島が第Ⅰ類・Ⅱ類・Ⅲ類の代表する東

寺百合文書を管見する限りでは、吊り干しの形跡は見受けられない。

　またこれら主観的判断は個人の主観に左右されやすく、経験の浅深によって判断基準のブレが生じやすい。また経験則によっては固定概念に左右される傾向にあると言える。例として、上島は、1990年に「東寺百合文書」ソ函229号文書に強杉原を料紙とする記述と、この記述にもとづいて作成された文書（「東寺百合文書ソ函169号）があることを発見し、その特徴は上島が言うところの「第Ⅲ類」をよく示すものと論じている（上島1990）。にも拘らず、宇佐美直八から粗い簀の目のある固い感じの紙を「檀紙」「備中檀紙」との教示を受けた経験から、「厳密な檀紙」と結論づけていまに至っている。なお、上島論文から宇佐美氏のいう「檀紙」「備中檀紙」の明確な根拠は見受けられない。

　暦応元年（1338）12月29日付光厳上皇院宣（東寺百合文書こ函66）について、最初、第Ⅱ類と分類したが1994年に再度観察した結果第Ⅲ類に変更するも2000年に再度観察し第Ⅱ類に分類したと述べている。これは上島が分類の境界線にあるものの、分類は大変困難であることの事例としてあげている史料であり、自身で「このように紙質の分類というのは物差しではかったように正確に分類できるものではなく、どちらとも区別しがたい場合も多い」と述べている。

　また、正和4年（1315）後宇多法王院宣（東寺百合文書ヤ函16）では、「室町時代頃の典型的なⅢ類に比べるとしなやかで、全体としての感じはⅡ類との区別は難しいが、太い簀の目がはっきりしていて紙面に凹凸があることからⅢ類とするのが妥当」とした上で、「これはあくまでも管見の範囲であり、しかも荒々しい・がさがさしているというのも主観によるところが多く、一概に決めることができない」と述べ、分類の判断基準の限界ともとれる発言をしている。富田の言う通り、上島の料紙論は破綻しているのかもしれない。

▌7. 富田・湯山らによる古文書料紙研究

　以上、黒板勝美以来の前近代の古文書料紙論を検討してみると、「古文書

学の概説書のいわば“枕詞”」や「役に立たないもの」の一言で片づけられるものではないことは十分理解できる。特に檀紙・杉原・斐紙に関する料紙論については不十分ではあるが系譜・変遷論の議論がなされていることは明らかである。

　黒板は、古文書原本の比較的調査と文献史料の検討という二つの方法によって古文書料紙の研究を始められ、必要ならば「顕微鏡的または化学的検査」を行う必要性を指摘した（顕微鏡観察・化学分析を行った形跡はない）。伊木寿一の料紙論も黒板を踏襲したものであり、紙の種類ごとに紙質の特徴と用途をより詳しく述べようと意図しているが、その多くは文献史料のみに拠ったことは否めず、種々間違った解釈も少なくない。伊木は黒板の論を超えるには至らなかったと言える。中村直勝は古文書原本料紙と文献上の料紙名を結びつけることに懐疑的ではあったが、判断が困難だからと言ってできないのであるならば古文書の真偽を区別することは不可能とし、その打開策として紙に関することを可能な範囲で知る必要性を説いている。ただし中村にとって料紙研究はあくまでも古文書の真偽をみるための参考に過ぎず、自由気ままに文献にある紙の多様な名称を分類整理するにとどめている。

　国文学者の伊地知鉄男は書誌学から料紙論を展開させている。伊地知は中国における紙の発明・改良、日本への伝来、奈良時代に正倉院に伝わる豊富な遺品について紹介し、奈良時代の料紙の原料としては、麻・布（綿）・穀（楮）・檀（楡）・楸・藁などがあるとする。その上で、和紙を原料からその種類を大きく楮紙系統と斐紙系統に分類するが、楮紙系統として麻紙と穀紙・楮紙・宿紙があり、斐紙系統としては斐紙と三椏紙がある（油紙・竹紙もこれに含めるという）。この分類は紙面の風合いによるところが大きいと考えられ、麻紙はぼろをつぶして漉いたものであるし、宿紙は再生紙、油紙や竹紙はまったく別の系統であるから、分類整理がきちんとできているとは言えない。また黒板・伊木の研究に次ぐ課題としては、檀紙・杉原紙・奉書紙等の製法・紙質に対する明確な説明が足りず不十分であると言える。斐紙については、奈良から江戸時代にかけてさまざまな書籍典籍に用いられていると

するが、これも紙面の風合いによるところが大きく、再検討の余地がある。三椏に至っては用途に関する説明がない。ただし、加工紙・装飾紙について言及し、書籍・典籍まで視野に入れた分類であったことは評価できよう。

　伊木の後、古文書研究の中心となすものは文書様式の研究であり、相田二郎・佐藤進一によって様式分類論・様式変遷論が大きく展開した時期であり、その業績はいまもなお日本史研究者に多大な影響を与え続けている。よって古文書料紙論は停滞を迎えるのである。

　この時期にまず小野晃嗣が経済史・産業史の切り口から日本中世の地方における紙産業の展開と地方紙の中央への商業流通を主題として文献史料の分析に重点を置いた研究であった。また小野の関心は、その紙質よりも、料紙名称の現れる時期と場所に向けられたものであり、紙そのものの叙述は少ないものであった。ただし、小野の所論で目を見張るものは、寛正3年（1462）以降の文書・記録に良質の杉原紙と考えられる「御教書杉原」という名称が散見され、この紙がのちの「奉書紙」と呼ばれるとして、「御教書杉原」から「奉書紙」への系譜を指摘したことにある。

　寿岳文章は、戦前戦後を通じ、近代和紙とその製作技術の研究から備中柳井家等の前近代の和紙コレクションの調査、正倉院文書の原本調査をふまえた研究である。従来の文書原本調査と文献史料の検討に、抄紙技術と和紙（古紙を含む）そのものの研究が加わった研究方法として位置づけることができる。寿岳の代表著作である『日本歴史叢書　日本の紙』では『延喜式』の図書寮における製紙工程の分析を含めた古代料紙論に主眼を置き、中・近世の料紙系譜論は檀紙・杉原紙・美濃紙・奉書紙・斐紙を中心にその系譜的研究を進めるが、近世における「大高檀紙」「美濃紙」の系譜論には至らずに終わりを迎えているのである。富田が言うように寿岳の業績から学ぶべきものは多々ある。しかし「陸奥紙」「引合紙」「強杉原」「大高檀紙」「美濃紙」に関して文書等の遺品原本の時系列調査と料紙成分の科学的調査弱さから、文献史料の所論が恣意的解釈に陥るという弱点を持ち合わせており、今後の課題として残されているのである。

このような状況のなかで、田中稔は奈良時代から江戸時代に至る多くの古文書・書跡・典籍の原本調査に文献史料の検討を加え、抄紙技術を加えることにより料紙の性質をとらえた研究方法を提示したのである。田中は、「平安時代以前の料紙を透過して観察すると全面的にかなりの厚薄の斑が見受けられるとする。鎌倉時代以後の紙には厚薄の斑が少なく、より均質に漉かれた紙が多いという。これについては鎌倉時代初期前後に抄紙技術の大きな変革があった」と推測しており、近代の抄紙技術と異なることは意識されていたと思われる。

また、田中は写経料紙・文書料紙の大きさ・縦横の比率による時代的変遷について述べており、注目すべき指摘であると言える。

一方で上島有は東寺百合文書の原本整理・修理に携わった経験等をもとに、日本中世における文書料紙体系論を提示した。これは、古文献に所載する歴史的料紙名称を無視し、料紙の寸法、厚さ、品質・風合い・受ける印象（雰囲気）といった主観的判断により、「ものに応じた分類」を行い導き出した料紙論であった。上島の所論は、越前奉書の漉き手である岩野市兵衛や修理業者・和紙販売者などから和紙の製法を聞き出し、現代の抄紙技術をもって中世の紙を論じる手法をとっている。この手法は湯山が指摘するように、「大まかなところは、原本と一致するところが多いように見える。しかし、現代に伝わる江戸時代、近世以降の製紙技術から中世の料紙を論じる研究方法では古代・中世の料紙を理解することはできない。しかも現代の抄紙技術や用具は、明治以降、日本に齎された西洋パルプ製紙技術に対抗するため、土佐藩御用紙の家を出自とする吉井源太らによって大きく変化したもの」であり、この認識の欠如が欠点の一つとなっている。

また古文献に所載する歴史的料紙名称の系譜研究を無視したことにより、その分類にブレを生じさせている要因となっていると考えられる。

上島の研究を見るに2000年段階と2011年段階の料紙論において抄紙技術に関する補論が見受けられるが、根幹的な論旨に変化は見受けられない。ただし、田中・上島の料紙論によって停滞していた料紙論を打破したことに

違いない。

　このような状況のなかで、湯山賢一・富田正弘は、1980年代に前近代の抄紙技術、特に日本古代の抄紙技術の解明に向けた料紙分析と料紙の復元実験で成果をあげた増田勝彦・大川昭典の研究（大川・増田「製紙に関する古代技術の研究」『保存科学』20、1980など）に刺激を受け、従来の研究にはなかった新たな研究方法を模索した。小型顕微鏡による原本の観察と料紙繊維の化学分析の導入である。富田氏の教示によると「古文書原本の繊維観察であるため、非破壊を前提としたものであった。当初、顕微鏡観察を行えば料紙に使われている繊維の種類が判明すると安易に考えていたが、楮・三椏・雁皮などの繊維の種類を見分けることだけでも、結構経験が必要であった。さらに、填料や非繊維物質の有無や含有・残存の程度については、大川氏による幾度の確認を経て見極めていった」とのことである。

　1992年から94年に最初の科学研究費（以下、科研）による研究『古文書料紙原本にみる材質の地域的時代的変遷に関する基礎的研究』において、従来の料紙論で紙質を説明する際用いる表現は、「白い・黄色い」「厚い・薄い」「大きい・小さい」「粉っぽい」など主観に属するような表現が多く見受けられた。そのため可能な限り客観的データを採取するため、料紙の縦横寸法（単位：cm）・厚さ（単位：mm）・重さ（単位：g）・密度（単位 g/cm³）の数値データ、料紙の表面観察として、料紙の表面上に残る簀の籤の太さおよび約3cm当たりの本数と籤を編んだ糸の間隔（糸目巾）の計測（単位：mm）とその目立ち具合の判定、簀の上に紗を敷いているかの確認とその目立ち具合、干し板の痕跡である板目の有無、干し板に張り付ける際に残る刷毛目の有無、吊り干しの際残る吊り皺の有無、抄紙の道具と乾燥法を調査項目とした。

　さらに抄紙技術の精度を見るべく、漉斑・漉き皺の有無、繊維束・繊維溜りの有無、樹皮片など異物混入の状態を観察し、塵取りの精度や繊維分散を観察してその優劣の判断基準とした。富田氏の教示によると「歴史学・古文書学分野の研究者にとって製紙科学に関することは大川・増田両氏から教示を受けて文書原本の料紙調査の結果と料紙の歴史的名称（紙の種類）との結

びつけに至った」とのことである。

　繊維の化学調査については、湯山氏の教示によると「科研『古文書料紙原本にみる材質の地域的時代的変遷に関する基礎的研究』の当初（1995から96年）、上杉家文書の根本修理が行われており、基本的に修理の過程で、裏打を剥がしたときに裏打紙に付着していた本紙の繊維の分析をしたという。ある程度の蓄積ができたあと、同様に修理時における本紙の毛羽立ち部分や数本の繊維を採取して分析するという方法である」とのことである。

　同報告書には研究協力者に宇佐美直八、岡岩太郎といった京都の国宝修理に携わる方が見受けられる。当時修理の際、虫損等で欠失した個所には本紙と同様の補修紙を補填する方針がとられており、本紙の繊維・填料・不純物などC染色液呈色反応による検査を実施し、確定したデータを共有していたのである。よって、この科研が主導していないことは明白である。

　この科研では、東寺百合文書・東大寺文書・上杉家文書・久我家文書・大友家文書・阿蘇文書など1870点の文書原本の物理的・光学的調査を行い、その調査結果をデータベース化し公開した（同報告書、1995）。文献に見える紙の歴史的名称の調査として、関義城『和紙文献類聚』古代中世編（思文閣出版、1976）掲載の史料を麻紙・檀紙・陸奥紙・引合・杉原紙・奉書紙・斐紙・鳥の子・厚様・薄様といった歴史名称別に検索しデータ化している。『兵範記』『中右記』『長秋記』『台記』『御堂関白記』など古代中世の日記から、紙の名称が所載する記事を抽出しデータ化している（同報告書、1995）。

　また総括として富田が『古代中世における文書料紙の変遷』としてデータ化した紙種の変遷を試論として考察している（同報告書、1995）。

　富田は「1995年に行ったこの科研報告書では我々の料紙分類を示すまでには至らなかった」と述べるが、詳細なデータ項目と1870点の調査データ数は圧巻である。

　そして、上島から紙種の定義ができていないとの批判を受けた富田・湯山は（上島「檀紙・引合・杉原考—中世の紙に関する研究の動向」『和紙文化研究』8、2000）、以下のように料紙研究をすすめていくのである。

　2003 年から 2005 年度の科研『紙素材文化財（文書・典籍・聖教・絵図）の年代推定に関する基礎的研究』では、100 倍の小型顕微鏡とライトパネルでの透過光★を用いて、填料（米粉・白土）の有無、不純物（非繊維物質）残存状況についての観察を追加している。さらに料紙の加工を確認するため打紙・瑩紙・染色を追加して観察をしている。一般的な文書には用いられることはないが、天皇文書・経典などには利用されることがあり、追加している(同報告書、2008)。ここで富田は、楮紙製法別紙種の判定法、つまり中・近世における楮原料の代表的な紙種である檀紙・引合・杉原紙・強杉原・大高檀紙・奉書紙・美濃紙をそれぞれ料紙として使用されていると思われる文書のデータをあげて説明を加えている。

　また富田は「琉球国発給文書と竹紙」で辞令書という琉球国王が国内の官職・役職の補任や所領安堵に用いた文書が 200 通と琉球国王・摂政・三司官から薩摩島津家に提出された起請文、国王が島津家に出した書状の料紙についての検討を行っている。

　2006 年から 2007 年の科研『紙素材文化財（文書・典籍・聖教・絵図）の年代推定に関する基礎的研究』では、湯山賢一「和紙の変遷とその歴史」で、研究で得た和紙の変遷の歴史を図式化し、その技法と用途の変遷について見解を示している（同報告書、2010）。

　湯山は自身の著書で、「和紙の世界における料紙論の取り組みは、料紙の変遷の歴史的体系を把握し、これに基づいて料紙遺品を歴史的変遷上に跡付ける作業を基本とすべき」と提言している。さらにそのポイントとして「(1) 素材となるべき「材料の分析」、(2) 材料をどのようにして漉くための紙料★としたのかという「工程」の問題、(3) 紙料を漉き上げるときの「用具と技法」の問題であり、これに填料やネリ（粘剤）などの要因が欠かせなくなる」という。「この３つの課題を念頭に伝来した料紙遺品を対象に検討し、歴史的名称上に見えるものがどれに相当するのかという地道な作業を行い、集めたデータを生かすために料紙の変遷の歴史をどのように考えるかという前提を踏まえた方が共通の理解と研究の展開に役立つのではないのかという考えの

もとでこの表を作成した」と述べている（湯山賢一『古文書の研究―料紙論・筆跡論』青史出版、2017）。

　この料紙研究の最大の特徴は、料紙分析で得たデータをもとに、料紙復元を行っていることにある。料紙復元のための原料調達から紙料の調合、用具、漉上げ等の製紙工程全般については大川昭典氏の全面的指導に拠っている。作業については、国選定保存技術保持者の江渕栄貫氏の協力を得て行ったものである。これによって原料の持つ意味と紙料工程上の過程を把握し、填料の有無やネリの特性を考えることによって、漉き方の工夫による抄紙過程を推測しながら跡付けることが可能となるのである（湯山前掲著書、2017）。

　富田は「中世文書の料紙論は檀紙と杉原紙を中心に組み立て」、「近世文書の料紙分類は大高檀紙と奉書紙・美濃紙を中心に組み立てる」必要があるとの見解を示しており、今後の料紙研究の課題となっているのである。このように料紙研究は単なる材質を調査する研究から系譜研究への展開を見せているのである。

引用文献

» 相田二郎『日本の古文書学』上・下、岩波書店、1949

» 伊木寿一「日本古文書学」『大日本史講座』13、雄山閣、1930

» 池田寿「文書料紙としての三椏紙」（富田正弘編『紙素材文化財（文書・典籍・聖教・絵図）の年代推定に関する基礎的研究』平成18・19年度科学研究費補助金（総合研究A）研究成果報告書）、2010

» 伊地知鉄男『古文書学提要』新生社、1966

» 上島有「中世の檀紙と御判御教書」『日本歴史』363、1978

» 上島有「檀紙について　上」『古文書研究』30、1990

» 上島有『日本史史料研究会研究叢書9-1、中世の紙―アーカイブズ学としての料紙研究』日本史史料研究会、2010

» 大川昭典・増田勝彦「製紙に関する古代技術に研究Ⅱ－打紙に関する研究」『保存科学』24、1983

» 大川昭典「文書料紙の繊維組成及び填料の観察」『古文書料紙論叢』勉誠出版、2017

» 小川信『中世古文書の世界』吉川弘文館、1991

» 小野晃嗣『日本産業発達史の研究』法政大学出版局、1941

» 黒板勝美『更訂国史の研究』岩波書店、1931

» 黒板勝美『虚心文集』第5、吉川弘文館、1941

» 佐藤進一『古文書学入門』法政大学出版局、1971初版

» 寿岳文章『日本歴史叢書　日本の紙』吉川弘文館、1967

» 田中稔「紙・布帛・竹木」『日本古文書学講座』1 総論編、雄山閣出版、1967

» 富田正弘「古文書料紙研究の歴史と成果―檀紙・奉書紙と料紙分類―」『東北中世史研究会会報』、2011

» 富田正弘「文献史料からみた中世文書料紙の体系と変遷」『古文書研究』80、2015

» 中村直勝『日本古文書学』上・中・下、角川書店、1977

» 町田誠之『和紙の道しるべ－その歴史と科学』淡交社、2001

» 湯山賢一『古文書の研究―料紙論・筆跡論』青史出版、2017

第1部　古文書料紙への視点

上島有の原本調査による料紙分類

分類項目	厚さ	締り具合	堅さ	視覚的平滑性	触覚的平滑性	触覚的印象	表裏の差	透明性	光沢	地合い
Ⅰ類	厚い	ふっくらした	しなやか	きめが細かい	すべすべ		なし		あり	斑のない
Ⅱ類—Aランク（典型）	厚い（Ⅰ類より薄い）	目のつまった	しなやか（Ⅰより劣り堅い）	平板な感じ。きめが細かいがⅠ類より劣る		粉っぽい	なし		ほとんどなし（皆無でない）	細かい
Ⅱ類—Bランク	厚い		しなやかさに欠ける			粉っぽい				
Ⅱ類—Cランク			少し固い感じ		ざらざら		漸次あり			
Ⅱ類—Dランク			中でもしなやかさに欠ける				漸次あり			
Ⅲ類（檀紙Ⅰ）	厚い		固い	荒々しい	ざらざら・がさがさ		あり（全体としてはっきりしている）		Ⅰ類に比べてない	斑のある（何カ所か穴の開きそうな箇所がある）
檀紙Ⅱa	檀紙Ⅰより薄い	ぶよぶよした	檀紙Ⅰより腰がない	細かい横の自然のシワ（所々に見られる）						

56

色合い	全体的な料紙の雰囲気	特記事項	用途
白いまたは少し黄色みがある	風格のある料紙。優雅で、上品さを主とする	大きさは大体縦 32cm、横 50cm 前後かあるいはそれより少し大きい。厚さは 0.2mm 位、あるいはそれ以上のものがある。南北朝・室町初期には 0.3mm を超えるものも少なくない。良質の楮を使い、丹念に叩解したもので、丁寧に塵取が行われている。墨ののりがよい。表面に縦の綺麗な繭肌の皺が見られる。板目・刷毛目が全く見られず、したがって紙の表裏はない。虫喰いがほとんどない。綺麗なシミがみられることがある	天皇・上皇・皇族の宸筆書状、公家の自筆書状、室町将軍の御内書
白い（Ⅰより劣る）	Ⅰ類に準ずるもの。良質・優雅・上品だが威厳＝固さが目立つ	縦 32cm 横 50cm 前後より大きく、厚さ 0.2〜0.3mm のものが多い。良質の楮繊維を使用。墨ののりがよい。表面に縦の綺麗な繭肌の皺がほとんど見られない。表裏がはっきりしないものが一般的だがある程度板干のものも見受けられる（板目・刷毛目が見られる）。抄紙の精選作業の簡素化のある紙。虫喰いが目立つ。簀の目がほとんど見られないが、あるとしても細かく上品なもの	平安時代以降の官牒・官宣旨、鎌倉南北朝期の院宣、鎌倉幕府の下文・下知状、関東御教書、南北朝の検非違使庁関係文書、室町将軍家の尊氏・義直・義詮らの奥判袖判御教書・下知状・寄進状等の公験文書
	Aランクに比べて優雅さに欠ける		
	Ⅱ類ではあるが紙質としては一段下		
	Ⅱ類Cランクに比べて少し質が落ちる		
黄色あるいは薄茶色・茶色	一種いいしれぬ威厳と堂々たる風格を持つ	大きさは、縦 35cm 位、横 55cm 以上。厚さ 0.5〜0.7mm と厚い。横に太い簀の目（場合によっては横のヒダ）が見られる。墨ののりが悪くかすれている。適当に虫食いが目立つ。Ⅱ類の抄紙作業のすべてを単純化したもの。ヘミセルロースなどの非繊維物質を含む。荒い繊維が残る。ネリが暑さのために利いていないためガサガサしている	永続的効力のある公験文書（証拠書類として長期保存される文書）。第Ⅱ類を補う形で院宣・鎌倉幕府下文・下知状などの料紙に用いられた（鎌倉時代）、室町幕府奥判袖判御教書・下知状・寄進状等の公験文書（南北朝・室町時代）
		厚み 0.2mm くらい	戦国時代の自筆御内書・公帖、信長・秀吉・家康・秀忠・家光の朱印状・公帖

分類項目	厚さ	締り具合	堅さ	視覚的平滑性	触覚的平滑性	触覚的印象	表裏の差	透明性。	光沢	地合い
檀紙Ⅱb	厚い		檀紙Ⅱaより引き締まって腰が強い	人工的な横の綺麗なシワ						均一
檀紙Ⅲ	厚い	細かい目のつまった	堅く薄い板のような感じ		がさがさした荒々しさがない					
Ⅳ類（典型）		目のつまった	やわらかい			粉っぽい	あり			斑のあるものが多い
Ⅳ類—Aランク	Ⅳ類の中で厚い	目のつまった	やわらかい			粉っぽい	あり			均一
Ⅳ類—Bランク	Ⅳ類—Aより薄い	目のつまった	やわらかい			粉っぽい	あり			均一
Ⅳ類—Cランク	Ⅳ類—Bより薄い					粉っぽさがない	あり			斑のある
Ⅳ類—Dランク	薄い					粉っぽさがない	あり			斑のある
Ⅴ類	均一でない		バリバリ						薄くある	漉き斑あり
Ⅵ類（1）—綸旨・院宣の宿紙			比較的良質。一般の公文書の料紙に比べてふわふわしていて腰の弱いものもある				表の色が薄く、裏が濃い			
Ⅵ類（2）—その他の漉返紙	不均等で厚薄の斑									漉き斑あり
Ⅶ類	薄い		ぱりぱり					半透明	あり	

色合い	全体的な料紙の雰囲気	特記事項	用途
		厚み 0.3mm を超える	家綱・綱吉の以降の寺社宛朱印状
	上品な感じの料紙	楮繊維が細かく叩解されている	家綱・綱吉の以降の大名・公家宛朱印状および公帖
白い	小さくて薄く粗末な、そっけない事務的なありふれた料紙	大きさは中世の標準的大きさ縦 32cm 横 50cm 位あるいはそれ以下。厚さ 0.2mm 以下。見た目は一見 II 類に近いが優雅さに欠ける。おそらく II 類から派生したもの。板目・刷毛目がある。楮の質も大分落ちる【以前の分類の「奉書 III」と「美濃紙」を統合】	中世の公家・武家を通じて主として比較的軽易な事柄の伝達に用いられた公文書、それに準じた文書、時限的効力のみの手続文書。室町幕府日下御判御教書・管領奉書・奉行人奉書等
白い			
比較的白い			
		板目・刷毛目がある	
		板目・刷毛目がある	
IV より薄茶色	雑多な紙。繊維のこなれの良くない部分が多い。樹皮片を含む	0.05mm 程度の薄い紙　板目・刷毛目がある	一般庶民も含めて日常生活に使用される雑多な紙　庄官の注進状など
灰色あるいは薄墨色	荘厳な感じを持つ。鎌倉・南北朝のものにはそれなりに風格がある	一般的に宿紙と呼ばれる紙。「文字」が十分に叩解されず残るもの、黒く染めた紙の塊、巻子の紐や表紙の断片が漉き込まれる場合がある	綸旨・院宣の宿紙
灰色あるいは薄墨色	粗末な再生紙	聖教・典籍類の料紙、日常卑近な雑紙として利用	その他の漉返紙　南北朝・室町の図書寮関係文書（請取類）
黄色味を帯びた	上品な感じの料紙	一般的に斐紙と呼ばれる紙	軍事関係小切紙・御内書・武家切紙書状・禁制・領知目録等

1-2

近世の古文書と料紙研究の可能性

天野真志

1. 近世文書への眼差し

　古文書研究における料紙分析の主要な関心は、古代・中世文書に向けられる。文書の形態的変遷、地域的展開などを系譜論的に検討するには、古代からの変容過程を理解する必要があり、それに続く中世から戦国期における文書の拡大と料紙利用の多様化が議論されている。そのなかで料紙研究は、戦前以来の厚い蓄積のもと、現在に至るまで古文書学における重要な研究課題の一つとして多方面から検討が行われている（富田 2011 など）。

　一方、量的に古代・中世期をはるかに超える規模で残存している近世文書に対しては、必ずしも盛んに議論されているとは言いがたい。その背景には、文書主義とも形容される文書を媒介とした近世社会の統治体制や流通・文化の展開などが想定される。その結果、将軍家や大名家だけでなく、各村や町にいたるあらゆる身分・地域で文書が生成され、文書類型の多様化・増大化をもたらした（大藤 2003、工藤 2017 など）。近世段階における文書の質的・量的変容は、古文書研究における論点にも影響し、近世古文書に関する研究は、多くの場合が文書群の整理法や管理形態の分析に注目が集まっている（西田 2016）。

　このように、古代・中世文書と比較して、近世文書に関する料紙研究は同様の視角のみで分析することは困難であろう。特に、膨大に残存する被支配層が作成した文書料紙を調査・分析するには、前代との系譜論的な理解に限定されない論点を検討する必要がある。本章では、これまでの研究成果を踏

まえて近世文書料紙の分析に向けたいくつかの展望を見出し、近世古文書研究における可能性を探ってみたい。

▌2. 近世古文書学・史料学の確立に向けた議論

　近世文書をとりまく研究状況を概観すると、近世古文書学の体系化を望む議論が長く唱えられてきた。戦後、古文書の調査が精力的に実施され、全国各地で近世期の史料群が大量に確認されると、伝存する古文書を保存・管理するための運動が展開する。並行して古文書を用いた近世史研究も飛躍的に進展するが、その一方で古代・中世期と比較した近世古文書学の停滞を打破するための提起が行われる。

　1976年に「近世史料論」を著した鈴木壽は、「近世文書学ないし近世史料学の後進性」の要因として顕著な史料の性格の変容を指摘し、こうした特質が影響して近世期以降を包摂した古文書学の体系化が困難であったとしている。鈴木は特徴的な事例として文書の激増、特に帳簿類の顕著な増大をあげ、これらと向きあうために領主方・村方・町方といった分類化とそれぞれの整序・体系化、あわせて地域別でのモデル化を通した多様なデータの整序・体系化を提起する（鈴木1976）。同様の課題は中井信彦からも近世文書の「体系的なコード」の必要性として提示され（中井1979）、全国的に展開する文書の調査・保存活動によって確認された近世文書の体系的理解が求められた。

　近世古文書学に関する議論は、1980年代になると、より具体的なかたちで展開される。高木昭作は、「中世に比して、近世古文書学は立ちおくれているというよりも、無きにひとしい」と、当時の研究現状を厳しく指摘し、江戸幕府および将軍発給文書の文書名や様式等を示しながら古文書学的知識を活用した史料解釈の重要性を主張する（高木1986）。同時期に大野瑞男も、「発掘された厖大な近世史料は、その保存および分析検討に終われ、近世史料学ないし古文書学の進展は極めて遅れており、近世史研究と古文書学的研究の跛行的状況は一向に解消されていない」と、近世古文書学の停滞を批判し、膨大な文書の調査・分析を通して基本類型や様式を確定していくことを

提言している（大野 1982、4 頁）。

　こうした提起が重ねられるなか、近世古文書学の体系化に向けた議論が進められる。笠谷和比古は、文書を理解する要素として、以下の点をあげる。

　　（1）記載内容：文字の読解と内容の理解

　　（2）料紙：文書の媒質としての特性理解

　　（3）様式：機能性によって構成される類型の析出

　　（4）存在：個別具体的な文書および文書群の存在構造解明

　笠谷は、これらの要素を分析することによって文書を全体的に理解しうると指摘し、主に（3）・（4）を中心的に検討して近世武家文書の類型を論じる（笠谷 1998）。

　また、大藤修は、近世文書の特質を文書の大量発生とそれにともなう形態の多様化として整理する。特に、「冊子型文書＝帳簿」が近世期に大量に作成され、形態も多様化することをあげ、膨大な情報伝達が求められた近世社会における史料学的特質として重視する。大藤は、それまで等閑視されてきた近世文書の形態論的観察の重要性を論じ、冊子型文書の形態名称確立に向けた試論を提示する（大藤 1991）。なお、大藤の研究では、文書料紙についても形態論的観点から言及しており、主に徳川将軍発給文書については権威的側面から、幕府老中および庶民文書は実用的側面からその特質を分析している（大藤 1992）。

　そのほか、近世文書に関する研究は、機能論的分析を深化させた藤田覚や、将軍発給文書の形態的分析を進めた大野瑞男、藤井譲治、老中奉書や御内書を多面的に分析した高橋修など、主に将軍および大名文書、さらには幕府や大名家文書群を中心に展開している。このように、文書を多様な角度からとらえる研究が進展しているが、高木昭作が「歴史学の側からその成果を生かし、さらに裏打ちするという意味での「体系化」の動向は、まだ感じることはできない」と指摘したように（高木 1996、94 頁）、近世古文書研究を「学」として体系的に展開するための議論は現在も模索段階にあるといえる。また、藤井譲治が「近年の近世史料をめぐる世界では、古文書学よりは、史料調査法・

史料整理論に関心が集まり、それをめぐる活発な議論が展開している」と指摘するように(藤井1999、71頁)、近世期の古文書研究が当面する課題として、膨大に伝来する文書群の把握方法に議論が集中している。こうした状況のなか、如何なる視角・手法をもって近世文書を対象とした料紙研究を進めていくかが問われるであろう。

3. 近世料紙研究の現在地点

　笠谷や大藤が古文書の形態を検討する要素として料紙に注目していたように、近世史研究においても古文書料紙に対する関心は確認される。

　まず、大名発給文書を対象とした研究である。近世期、将軍代替わりに際して徳川将軍より各大名に対して主従関係の表象たる知行宛行状（ちぎょうあてがいじょう）が発給され、同様にいくつかの大名家では、藩主から家臣に対して知行宛行状が発給される。こうした性格を有する知行宛行状について、徳川将軍家発給文書に対して関心が集まるなか（大野1991、2000、藤井2008）、諸大名家についても高橋修が「藩主―家臣の関係が濃厚に投影されていることが予想され」る宛行状に注目し、陸奥国仙台藩伊達家を対象として宛行状の文言や形態的特徴を分析する（高橋1997・1998）。高橋の研究は必ずしも料紙分析に基づくものではないが、宛行状を通時的かつ多面的に分析し、書式の変遷等を通して文書形態の整備過程、さらには藩内秩序形成の経過を明らかにし、文字情報にとどまらない文書の多面性を具体的に提示した点が注目される。

　その後、大名による知行宛行状研究は、本多俊彦による分析が展開する。本多は、加賀藩前田家、仙台藩伊達家、福井藩松平家といった諸大名家が発給する知行宛行状に検討を加える。本多の研究は、各地に点在する知行宛行状を精力的に調査し、大名家ごとの形態的特性や時代的変遷を検討するが、その手法として文書料紙に注目した分析手法を採っていることは重要な特徴である。たとえば、仙台藩知行宛行状について、本多は宇和島藩伊達家との比較から分析する。いわく、仙台藩知行宛行状が寛永末から天和期を機に竪紙（たてがみ★）形態による斐紙（ひし）に統一され、差出書・宛名書等も整備されるのに対し、

元和元年（1615）に仙台藩伊達家から分かれた宇和島藩伊達家の知行宛行
状は楮紙が使用され、仙台藩よりも大型の朱印を用いるなど、仙台藩知行宛
行状との顕著な相違が見られるという。しかし、顕微鏡により繊維を観察す
ると、宇和島藩知行宛行状は、３代藩主伊達宗賢期頃から繊維の間隔が詰ま
る傾向にあり、料紙に打紙を施した可能性が確認される。本多は、知行宛行
状で用いられる料紙の使い分けや形態的連関性が、各地の大名家でも確認で
きることを踏まえ、打紙加工が仙台藩知行宛行状に用いる斐紙★の風合に近づ
ける加工であると推測し、この現象を家元である仙台藩伊達家を意識した行
為の可能性として提示する（本多 2013）。本多の分析は、高橋が提起した知
行宛行状研究の可能性を具現化した成果であるが、光学的分析によって近世
文書の新たな側面を見出したという意味で、料紙分析の意義を示している。

　他方、地方文書でも料紙に注目した研究が確認される。高橋修は、租税徴
収に際して毎年領主から発給され、近世を通じて保管される年貢割付状およ
び年貢皆済目録に注目し、甲斐国の年貢割付状に用いられる料紙の縦横寸お
よび厚さの変遷を通時的に調査する。その結果、高橋は年貢割付状が 17 世
紀中葉頃に記載内容が確立する一方で、料紙に関しては紙生産の状況に沿っ
て性質が変容することを指摘する。その背景として高橋は、領主層の統制が
弛緩する時期に新たな紙漉村落が勃興したことをあげ、楮や三椏などの原
材料確保をめぐる争論が多発する 18 世紀以降、一連の騒動に比例して年貢
割付状に用いられる料紙の粗悪化傾向が確認されるという。ここでの分析
は、村落社会における領主層の統制力・権威の変遷を料紙分析の成果から描
き出しており、「文書の料紙について、モノとしての紙という視点から注目
することにより、新しく幕府権威の内実を問う視角」を論じてみせる（高橋
2011）。

　近世特有の文書群に注目し、料紙研究の可能性を検討したものが、天野等
による商家文書分析である。ここでは、近世期に江戸問屋仲間として活動し
た白木屋に注目し、同文書群の形態、寸法、厚さ、重量調査に加え、繊維
や添加物を顕微鏡で分析し、商家文書の物質的傾向を探っている。その結

果、長期的保存を想定した文書には添加物を加えない厚手の料紙を用い、備忘や私信などの必ずしも長期保存を想定しない文書に関しては、添加物が確認されるとともに厚さも不統一であるという傾向が確認されている（天野等2017）。天野等の研究は、膨大かつ多様な文書を蓄積・伝来する近世文書群に料紙分析を加える可能性を探ることが目的とされ、実務的観点から料紙利用の傾向を検討する。

　以上のように、近世文書を対象とした料紙研究は領主文書、村方文書、商家文書を対象とした分析が確認される。これらの研究は、いずれも目的や分析手法は一様ではないが、共通するのは文書の大量発生という近世期の特徴を踏まえた料紙分析方法の模索である。こうした蓄積を前提として、新たな料紙研究、さらには近世古文書研究の展開が求められる。

4. 新たな料紙研究への展望

　ここまで見てきたように、近世古文書を対象とした研究が多く蓄積されるなか、古代・中世期のように古文書学として体系的に論じるための視座が模索され続けている。その過程で、膨大な文書群をモノとしてとらえるために料紙が注目され、一方では儀礼的観点からの料紙利用とその傾向、もう一方では実用的観点からの利用形態が分析されている。今後、分析手法の改良によりこれらの分析がより精密に提示することが可能となり、近世文書の類型化や様式判定作業の一助となることが想定される。その場合に課題となるのは、膨大な対象を調査するための手法の検討であろう。これまでの研究でも指摘されてきたように、近世文書への関心は、古文書学的分析よりも大量の文書群を調査し全体像を把握し整理する点に集中しており、モノとして文書をとらえるための議論は必ずしも盛況ではない。そうした状況下で古文書料紙分析を近世文書に広げるためには、これまでの分析で提示された多くの論点を踏まえて分析視角を検討し、膨大な文書群に対応しうる調査手法の設定が必要となる。

　文書料紙から歴史情報を抽出する手法が深化し、データの記録・保存技術

も進展しつつあるなか、膨大な近世文書を多角的にデータ化し解析するための準備も整いつつある。このことは、文書群の整理や記録・管理の面でも大きな進展に寄与できるものであろう。これらの技術を活かし、文書群を総体的に調査・分析することで、近世文書料紙研究、さらには近世古文書研究の新たな展開が期待される。

参考文献

» 天野真志・冨善一敏・小島浩之「近世商家文書の料紙分析試論：武蔵国江戸日本橋白木屋大村家文書を例として」『東京大学経済学部資料室年報』7、2017

» 大野瑞男「領知判物・朱印状の古文書学的研究」『史料館研究紀要』13、1981

» 大野瑞男「近世古文書学の課題」『歴史評論』389、1982

» 大野瑞男「領知判物・朱印状」再論」『東洋大学文学部紀要』53 史料学篇 25、2000

» 大野瑞男「老中奉書と老中制度」同編『史料が語る日本の近世』吉川弘文館、2002

» 大藤修「近世文書論序説（上）」『史料館研究紀要』22、1991

» 大藤修「近世文書論序説（中）」『史料館研究紀要』23、1992

» 大藤修「近世の社会・組織体と記録」国文学研究資料館史料館編『アーカイブズの科学』上、柏書房、2003

» 笠谷和比古『近世武家文書の研究』法政大学出版局、1998

» 兼平賢治「「藩主御内書」の基礎的研究―盛岡藩主発給御内書」を例に―」『日本史研究』605、2013

» 工藤航平『近世蔵書文化論』勉誠出版、2017 年

» 鈴木壽「近世史料論」『岩波講座日本歴史 25 別巻 2』岩波書店、1976

» 高木昭作「近世史研究にも古文書学は必要である」永原慶二等『中世・近世の国家と社会』東京大学出版会、1986

» 高木昭作「近世史料論の試み」『岩波講座日本通史別巻 3』岩波書店、1995

» 高橋修「老中奉書の文書学的研究」『歴史』86、1996 年

» 高橋修「近世に於ける御内書についての研究」『古文書研究』43、1996

» 高橋修「仙台藩知行宛行状の文書学的研究」『文化』60-3・4、61-1・2、1997・

1998

» 高橋修「甲斐国年貢割付状との対話に向けて」『山梨県立博物館研究紀要』5、2011

» 富田正弘「古文書料紙研究の歴史と成果」『東北中世史研究会会報』20、2011

» 中井信彦「近世史料体系化への道」『史料館報』30、1979

» 西田かほる「近世史料と調査論」『岩波講座日本歴史 21　史料論』岩波書店、2016

» 福田千鶴「「御内書」の史料学的研究の試み」『史料館研究紀要』31、2000

» 藤井讓治「近世史料の調査と古文書学」『古文書研究』50、1999

» 藤井讓治『徳川将軍家領知宛行制の研究』思文閣出版、2008

» 藤田覚『近世史料論の世界』校倉書房、2012

» 本多俊彦「加賀藩知行宛行状の古文書学的検討」『加能地域史』56、2012

» 本多俊彦「仙台藩の知行宛行状について」『東京大学経済学部資料室年報』3、2013

» 本多俊彦「加賀藩文書管理の一様相―知行宛行状と「絶家」」『高岡法科大学紀要』 25，2012

» 本多俊彦「福井藩の知行宛行状について」『古文書研究』80、2015

» 本多俊彦「前田利常後見期の加賀藩知行宛行状について」『湯山賢一編『古文書料 紙論叢』勉誠出版、2017

1-3

異分野連携からの視点

渋谷綾子

1. 異分野連携とは何か

　学際研究、または学際的研究とは、単独の学問分野では解決の難しい研究領域に対して、二つ以上の分野を統合して横断的に進める研究や、一つの目的・関心のもとに多くの隣接する学問領域が協業する研究を指す。学際研究には、異分野連携と異分野融合の二つがある。両者はどうちがうのだろうか。

　異分野連携は、多数の分野がそれぞれの範疇（はんちゅう）において共通の目標を達成しようとすることであり、異分野融合はほかの分野と対話して、自分と異なる研究観や世界観と触れることで自身の専門分野のとらわれから解放し、新たに自身の専門観を再構築することである（京都大学 2019）。古文書や古記録類の料紙（りょうし）は、古文書学（本書第 1 部参照）や歴史学（本書第 1 部参照）の分野だけでなく、植物学、製紙科学、文化財科学などほかの研究分野でも、形態情報や物理的性質に関する検討が進められている。つまり、異分野連携による研究成果が蓄積されている。この章は、①料紙の原料である繊維素材とネリ★（粘剤（ねんざい））、②添加物と糊（のり）、③料紙の製作時期と成分、という三つの検討項目に沿って、どのような異分野連携の研究が進められているのか、近年の動向を紹介する。

2. 繊維素材とネリへの注目

（1）繊維素材と DNA 研究

　料紙の繊維素材であるコウゾ（*Broussonetia kazinoki* Sieb. x *B. papyrifera* (L.)

Vent.)、ミツマタ（*Edgeworthia chrysantha* Lindley）、ガンピ（*Diplomorpha sikokiana* (Franch. Et Savat.) Honda）[1]は、植物学や製紙科学、文化財科学においても、製紙原料としての特徴や製紙技術の変化に関する研究が進められている（たとえば有岡 2018; 伊東ほか 2011; 前松・元木 1963）。なかでもコウゾは、近年、植物遺伝学的な研究が積極的に進められ、成果が拡充されている。

　コウゾはクワ科カジノキ属の植物で、ヒメコウゾ（*Broussonetia x kazinoki* Siebold）とカジノキ（*Broussonetia papyrifera* (L.) Vent.）の雑種★である。カジノキ属は、カジノキ、ヒメコウゾ（*Broussonetia x kazinoki* Siebold）、ツルコウゾ（*Broussonetia kaempferi*）の 3 種と雑種コウゾで構成される。これら 4 種はすべて、製紙原料として用いられている（伊東ほか 2011; 鍾ほか 2020）。しかし、繊維を生産するために、世界各地で栽培されたものが野生化しており、また植物の呼び名も地方によって異なるため、現在では名称の意味や定義が混乱・混同されてしまい、4 種のそれぞれの分布や起源、本来の原産地についてわかっていないことが多い。

　たとえば、私たちが 2021 年 5 月に実施した茨城県常陸大宮市西ノ内和紙（五介和紙）の調査で、コウゾや和紙生産の関係者たちに植物名称について尋ねたところ、西ノ内の地域では畑で栽培するものを「サトコウゾ」といい、もとは栽培していて山で野生化したものを「ヤマコウゾ」と呼んで区別し、それぞれを原料とした和紙や両者を混合した和紙を現在も生産していると言われた。また、鍾たちの調査（鍾ほか 2020）によると、日本の和紙製作者やコウゾ栽培者のなかには、コウゾを樹皮・繊維・樹皮繊維の加工のしやすさから赤楮・青楮という種類に区別したり、カジノキのなかでコウゾに似た繊維品質などをもつ手折・黒楮・真楮など複数の種類を使い分けたりしているという。

　このような課題を背景として、近年は現生カジノキ属のもつ DNA 情報を解析して植物学的に区別し、それらの起源や分布範囲を特定する研究が進められている（本書第 2 部参照）。鍾たちの調査では、日本のコウゾと韓国の

ダグナム（*Broussonetia hanjiana*、韓紙の材料）は同じ雑種起源で、ヒメコ
ウゾはコウゾの母親種であること、またコウゾは単一起源であるという可能
性が指摘された（Kuo et al. 2022; 鍾ほか 2020）。さらに、遺伝子多型（遺伝
子を構成する DNA 配列の個体差）を用いて、アジアからポリネシアにかけ
てのカジノキ類がどう伝播してきたのかについても提示された（Kuo et al.
2022; Payacan et al. 2017; Peñailillo et al. 2016）。

　現在は複数の研究グループによって、より広範囲のカジノキ属のゲノム
データの収集と解析によるコウゾの地理的な起源地の解明が行われており、
料紙の生産地との関係が検討されている。コウゾのように、ガンピやミツマ
タもゲノム情報から植物自体の起源と料紙の生産地との関係について研究が
行われ、成果が蓄積されれば、料紙全体の歴史的変遷についての解明につな
がるだろう。

（2）ネリ原料と生産の現状

　ネリは、漉舟（紙を漉くときに紙料を入れる水槽）に入れた水のなかで
繊維素材を1本1本均一に分散させ、紙料液中の繊維の凝集と沈殿をおさ
える天然の分散剤である（石川 1978; 小泉ほか 2016）。このネリの原料に
は、トロロアオイ（*Abelmoschus manihot* Medik）やノリウツギ（*Hydrangea
paniculata* Sieb. et Zucc.）が一般的に用いられるが、ほかにアオギリ（*Firmiana
simplex*）、タブノキ（*Machilus thunbergii*）、ギンバイソウ（*Deinanthe bifida*）
なども使用される（園田 1994; 町田 2000）。

　これらの植物のうち、トロロアオイは根に含まれる粘質多糖がネリとして
使用される（石川 1978; 伊東ほか 2011; 増田 2009）。トロロアオイの作用は、
コウゾ等の繊維の分散を促進して維持することである。トロロアオイを加え
て紙料液が簀の隙間から漏出するのに時間をかけ、沪水性（紙料が漉き取ら
れた後の水切れの良さ）を低下させて、均一に繊維を広げる。さらに、簀の
表面に繊維がへばりつくことで、簀の扱いも楽になる（菊池ほか 2020; 増田
2009）。トロロアオイは30〜35度の高温で著しく粘度が低下するため、通

常は収穫後にクレゾールなどの保存液中に保存される（上嶋 2015; 小泉ほか 2016; 友田・鈴木 1978）。

　2019 年 4 月、このトロロアオイの生産が中止されるという報道が行われた（朝日新聞 2019; 菊池ほか 2020）。このニュースの後、各地の和紙生産者や職人、文化財修理関係者などがクラウドファンディング[2]を行うなどの動きがあった。現在も、トロロアオイの生産量の確保や安定的な供給が目指されている[3]（菊池ほか 2020）。

　一方、ノリウツギは内樹皮（ないじゅひ）★に含まれる粘質多糖がネリとなる（友田・佐藤 1976; 橋本・川名 1935）。ノリウツギの採取は晩秋が適しており、木を採取して水に浸した後で樹皮を剥ぎ、内樹皮を刃物で削って布袋に入れて水中に漉すとネリができる（伊東ほか 2011）。

　ネリとしては、自生のノリウツギが主に使用されている。しかし、近年のシカの食害などによって、自生ノリウツギは大きく減少してきている（たとえば増子ほか 2001; 橋本・藤木 2014）。そこで、自生地の一つである北海道標津町では、文化庁・和紙産地（奈良県吉野町の宇陀紙（うだがみ））・植物学者を含む有識者・林業試験場の連携によって、2021 年度から試験栽培が開始された（北海道新聞 2021）。これは、原料産地と和紙産地との交流とともに、生産性を高める収穫・栽培技術の開発を目的としており、ノリウツギを用いた地域の活性化も期待されている。

　トロロアオイもノリウツギも、伝統技術や地域の歴史文化を支えるため生産量の確保・安定的な共有が目指されており、植物学、文化財科学、製紙科学の研究テーマとして注目され、研究が進められている。

▎3. 添加物と糊への注目

（1）料紙の添加物

　添加物の種類や特徴、分析のポイントなどは後の章（本書第 2 部参照）で解説しているため、ここではどのような研究が行われているのかを概観する。
　古文書等の料紙を顕微鏡などの機器で観察すると、繊維の間や上に小さな

粒子が散在して見られる。これらのうち、繊維に凝集しているものは、製紙過程で紙料液に加えられる添加物（填料）★の粒子である。填料を用いる理由は紙を白くするためであり、填料が配合された料紙の表面は柔らかくなっている（大川 2017; 富田 2013）。さらに、填料は主に米粉が用いられるため、米粉由来のイネ（*Oryza* sp.）⁴⁾のデンプン粒（デンプンの粒子）が多くの史料で確認されてきており、鉱物質の白土★も利用されているが、米粉と比較すると利用例が少ない傾向にあるという（大川 2017）。

　繊維素材の特定や繊維の配向性（紙を構成する繊維が一定の方向に向いてそろっている状態や並び方）に関する研究事例に比べると、填料のデンプン粒や鉱物などの粒状物質、楮紙などに含まれる柔細胞（表皮や維管束を除いた基本組織である柔組織を構成する細胞壁の薄い細胞）は、それら自体の詳細な分析事例が少なく、植物学的・鉱物学的な検討についてもほとんど行われてこなかった。こうした課題を克服するため、近年は、文化財科学や製紙科学などの複数の分野と連携した研究が進められている。研究事例をいくつか紹介する。

　先行研究では、料紙における填料の有無を「米粉（多い・普通・少ない）／白土（多い・普通・少ない）／無」のように、調査者の感覚に左右された相対的な項目で分類し、種類の植物学的・鉱物学的な同定、料紙に含まれる量や紙全体における密度の測定はほとんど行われてこなかった（渋谷 2020）。しかし、考古学や文化財科学、植物学の手法を応用して米粉由来のイネのデンプン粒と同定し（たとえば渋谷ほか 2022; 渋谷ほか 2021; 箱石ほか 2022）、また白土に由来すると考えられる鉱物の種類を特定するとともに（渋谷ほか 2022; 渋谷ほか 2021）、それらの量・密度の数値データ化を目指す動き（渋谷ほか 2022; 高橋 2018）がある。さらに、填料自体の特性を調べるため、実験用の紙サンプルを用いて熱重量分析（TGA：Thermogravimetric Analysis、試料の温度を上げながらその重量変化を測定して、その物質の特性を分析する方法）を実施した研究（江前 2003）、吸水性や強度を調べる実験（木下ほか 1998）なども行われている。

なお、デンプン粒については、ネリに用いられたトロロアオイのデンプン粒（稲葉 2002; 渋谷ほか 2021）、利用実態は明確ではないが、イネ科穀類などのデンプン粒（江南 2022; 坂本・岡田 2017; 実践女子大学文芸資料研究所 2021）なども報告されている。さらに、料紙の繊維素材と関係する柔細胞については、江前敏晴が楮紙の史料に含まれた柔細胞を検討し、米粉由来のイネのデンプン粒と膜状物質（細胞壁構成成分のヘミセルロース）を識別、これらがネリ由来の物質ではないことを提示した（江前 2010, 2012）。

　このように、料紙の添加物については複数の分野の研究手法が応用され、研究が進められている。

（2）料紙の糊と製法の復元

　古文書や伝世品に使用された糊のうち、生麩糊（小麦粉から分離、沈澱させて抽出したデンプンの糊）とは異なって茶褐色や暗褐色で接着力が強く、耐水性があるという特徴をもつ糊は、古代の史料に記述された「大豆糊」であると考えられている（大橋ほか 2016; 岡田・秋本 1998）。さらに、平安時代後期以降の典籍類の糊に対し赤外分光分析（IR：infrared spectroscopy、物質に赤外光を照射し、透過または反射した光を測定することで、対象物の分子構造や状態を知る方法）を行った事例（早川 2014）では、糊のスペクトルがダイズ（*Glycine max*）のスペクトルとほぼ一致し、ダイズから作られた糊である可能性が指摘されている。しかし、大豆糊の製法は現在では伝わっておらず、不明な点が多い。そこで、文化財修復や文化財科学の分野では、大豆糊を試作して接着強度や時間経過に伴う変色度を測定し、フーリエ変換赤外線分光分析（F T-IR：Fourier Transform Infrared Spectroscopy）による成分比較を行うなど、製法の復元に関する研究が進められている。

　糊の製作実験では、豆乳を加工したもの（遠藤 1987; 岡田・秋本 1998; 早川 2014）と粉砕した豆粉から作成したもの（嶋野 1999; 中村・成瀬 2013）の 2 種類が検討されている。前者の研究では大豆糊は豆乳を煮詰めて作ったと考えられている。『正倉院文書』『延喜式』の記述をふまえて、吸水した

ダイズ粒を砕き、布で漉して豆乳を得、それを煮詰めて糊が作られた。後者の研究では、大豆粉を煮てそれを布で漉して作られた糊が分析対象となった。豆乳糊・豆粉糊それぞれ単体での実験が行われるなか、大橋有佳らの研究（2016）では両者を試作してIRを実施、典籍類の糊のスペクトル（早川2014）との比較が行われた。大橋らの分析の結果では、岡田文男らの研究（1998）で実施された接着強度や変色度合いの測定では、大豆糊がほかの伝統的な糊類よりも古文書料紙の糊に類似する特徴をもつことが指摘されたが、改めて行われた文献調査では大豆粉から製造された可能性が指摘できること、またIRスペクトルによる比較では、豆粉糊の方が典籍類の糊のスペクトルに類似したことが提示された（大橋ほか2016）。

　大豆糊の製法の特定には、こうした製作実験と多様な分析の結果を比較・検討することが重要となるが、同時に、糊部分の目視観察や顕微鏡を用いた糊の形態観察（ダイズのデンプン粒の糊化状態など）も有効である。今後、大豆糊の製法が復元され、古文書等の料紙における糊利用の変化が解明できれば、史料の修復や長期保存の方法の改良につながるだろう。

4. 料紙の製作時期と成分への注目

（1）料紙の製作時期の検討

　料紙の製作時期がわかれば、生産地と消費地との関係、史料のもつ地域的特性や時代的変遷などを知る手がかりとなる。書かれた時期が明確に記されている史料、内容から時期が推定される史料については、それらが示す年代よりも前に料紙が製作されたと考えることができる。しかしながら、必ずしも料紙の製作時期がわかるわけではない。そうした背景を受けて、料紙の年代測定を実施し、史料の製作時期を検討した連携研究がある。

　小田寛貴は、古文書や経典類、古筆切（古写本の断簡）の料紙と書跡（書道の優れた作品（古筆）や禅宗のお坊さんが書いた書（墨蹟）など）の解析と、放射性炭素14年代測定（以下、14C年代測定）の実施によって、史料の製作年代の検討を行った（たとえば小田2007, 2018; 小田ほか2012）。そ

れらの結果から、対象としたそれぞれの史料の製作年代が提示された。また、チベット・サムエー寺所蔵の料紙片に対する研究（Han et al., 2021）では、14C 年代測定や走査型電子顕微鏡（SEM：Scanning Electron Microscope)[5] による観察、熱分解ガスクロマトグラフ／質量分析法（Py-GS/MS：Pyrolysis-Gas Chromatography/Mass spectrometry)[6]、プロテオーム解析[7] を行ってコムギのデンプン粒やヤクの乳由来のタンパク質を検出し、これらの分析が古代チベットの製紙法の検討に有用であると提示した。ただし、一連の研究は、数 mg という微細な採取量だが、史料そのものの破壊分析が行われており、この点が問題視される[8]。

　文化財の調査では現在、多様な科学的な手法が存在するが、貴重な文化財を「壊さない」「汚さない」「触らない」ことが大原則である。特に、2019年 6 月に報道された文化財の無断「破壊調査」の発覚後は、文化財の科学的な分析研究を推進する日本文化財科学会からも、『文化財の科学調査に伴う手続きの重要性について』という声明文[9] が出されており、文化財を対象とした科学分析への目は非常に厳しくなっている。

　古文書や古記録類も、非破壊による観察・分析が徹底される必要がある。所蔵機関や史料の現況によっては、カメラや顕微鏡などの機器による撮影・観察も困難な場合がある。学術調査とはいえ、史料へ影響を与えないことは調査の前提条件である。破壊分析は避け、まずは非破壊調査・分析を試みることが望ましいだろう。

（2）料紙の成分分析

　料紙には素材である植物の成分（元素）が含まれている。植物中に含まれる元素はその植物が育った地方の土壌などの影響を受けているため、微量元素を測定すれば植物の生息地が推測できる。料紙の生産地と原料となる植物の産地は同じであり、微量元素分析によって料紙の産地が推定できると考えられる（安田ほか 1999）。

　非破壊での分析が可能な粒子励起 X 線分光法（PIXE：Particle Induced

X-ray Emission）による研究では、現在生産されている和紙には、ナトリウ
ム（Na）、マグネシウム（Mg）、アルミニウム（Al）、ケイ素（Si）、リン（P）、
硫黄（S）、塩素（Cl）、カリウム（K）、カルシウム（Ca）などの元素が含ま
れており、マグネシウム、マンガン（Mn）、銅（Cu）、スズ（Zn）、ストロ
ンチウム（Sr）の元素の比から産地の同定ができる可能性が提示された（安
田ほか 2001, 2002; 安田ほか 2000; 安田ほか 1999）。これらの研究は、現在
生産されている和紙を対象としており、実際の史料への応用は行われていな
い。

　同じような分析としては、2022 年度に開始された共同研究 [10] において微
量元素分析の実験が開始されている。こちらは、繊維素材の種類、産地別で
の微量元素の特徴を識別する目的で行われており、今後、産地同定につなが
る元素の特定と史料への応用が期待される。

5. まとめ

　本章では、異分野連携研究という視点から、①繊維素材とネリ、②添加物
と糊、③料紙の製作時期と成分、という三つに沿って、それぞれどのような
研究が行われているか、近年の動向を中心に概観した。①では植物の起源と
料紙の生産地との関係、原料生産の現状改善に関する研究、②では填料や糊
についての近年の研究、また③では非破壊分析の重要性と料紙の産地同定に
関する研究について述べた。自然科学分析の多くはモノの物理的性質や化学
構造の解明を目的とするため、理化学的な用語に慣れていない方がたにとっ
ては、本章はやや難しい内容になっているかもしれない。さらに詳しく知り
たい場合は、関係の書籍や論文などを参照していただきたい。

　植物学や文化財科学、製紙科学などにおける料紙研究は、分析手法の開発
とともに進展してきた。つまり、分析手法が改良されれば事例の蓄積も増加
するため、料紙研究の今後の可能性を秘めている分野である。古文書学や歴
史学が積み重ねてきた研究成果と総合すれば、古文書の歴史研究に対してさ
らに多くの情報を提示することができるだろう。

1 　本書では、「楮／コウゾ」、「三椏／ミツマタ」、「雁皮／ガンピ」、「竹／タケ」と、漢字とカタカナの表記が混在する。漢字の場合は主に紙の製品名からの表記（楮紙や雁皮紙など）を示し、カタカナの場合は植物学的な名称として用いている。

2 　https://camp-fire.jp/projects/view/387877（2022 年 5 月 24 日アクセス）。

3 　科学研究費助成事業でも安定的な供給を目指した研究が行われている。https://kaken.nii.ac.jp/grant/KAKENHI-PROJECT-20K01105/（2022 年 5 月 31 日アクセス）。

4 　イネ科イネ属は複数の種が存在する。古文書料紙の填料として利用されたイネはおそらく栽培イネ（*Oryza sativa* L.）と考えられるが、厳密な同定が行われているわけではないため、本書では学名を属（sp.）でとどめておく。

5 　電子顕微鏡の一種であり、電子線を照射することで放出される二次電子・反射電子・エックス線などを検出して、試料の表面を観察する。

6 　プラスチックなどの有機物を急速熱分解し、熱分解生成物をガスクロマトグラフィー（GC）で分離、質量分析計（MS）で同定、定量化する分析である。

7 　プロテオームは細胞内で発現している（発現する可能性をもつ）全タンパク質を指し、プロテオーム解析は生物のもつタンパク質の構造や機能を網羅的に解析する研究である。

8 　史料の修理時に、微量の繊維を可能な箇所から採取し、顕微鏡を用いた形態観察と染色液による呈色反応で繊維の識別を行うことがある。ただし、これは修理方法を決めるために行う作業であり、修理後は原本史料とともに戻される。そのため、ここで問題視する破壊分析とは目的が異なる。

9 　http://www.jssscp.org/index.php/85-information/203-2019-06-24-10-08-47（2022 年6 月 3 日アクセス）。

10 　令和 4 年度加速器科学総合育成事業 https://www2.kek.jp/oi/GrowthProgram.html（2022 年 6 月 3 日アクセス）。

引用文献

» Han, B., Niang, J., Rao, H., Lyu, N., Oda, H., Sakamoto, S., Yang, Y. and Sablier, M. Paper fragments from the Tibetan Samye Monastery: Clues for an unusual sizing recipe implying wheat starch and milk in early Tibetan papermaking. Journal of Archaeological Science: Reports, 36, 2021.

» Kuo, W. H., Liu, S. H., Chang, C. C., Hsieh, C. L., Li, Y. H., Ito, T., Won, H., Kokubugata, G. and Chung, K. F. Plastome phylogenomics of Allaeanthus, *Broussonetia and Malaisia* (Dorstenieae, Moraceae) and the origin of B. × kazinoki. Journal of Plant Research, 2022.

» Payacan, C., Moncada, X., Rojas, G., Clarke, A., Chung, K.-F., Allaby, R., Seelenfreund, D. and Seelenfreund, A. Phylogeography of herbarium specimens of asexually propagated paper mulberry [*Broussonetia papyrifera* (L.) L'Hér. ex Vent. (Moraceae)] reveals genetic diversity across the Pacific. Annals of Botany, 120, 2017.

» Peñailillo, J., Olivares, G., Moncada, X., Payacán, C., Chang, C.-S., Chung, K.-F., Matthews, P. J., Seelenfreund, A. and Seelenfreund, D.: Sex Distribution of paper mulberry (*Broussonetia papyrifera*) in the Pacific. PLoS One, 11-8, 2016.

» 朝日新聞「手すき和紙業界に大打撃　トロロアオイ農家が生産中止へ」『朝日新聞デジタル』朝日新聞、2019

» 有岡利幸『和紙植物』ものと人間の文化史181、一般財団法人法政大学出版局、2018

» 石川久雄：「トロロアオイ粘質物が和紙抄造に及ぼす効果」『紙パ技協誌』32-7、1978

» 伊東隆夫・佐野雄三・安部久・内海泰弘・山口和穂『カラー版　日本有用樹木誌』海青社、2011

» 稲葉政満「紙」『文化財のための保存科学入門』（京都造形芸術大学編）株式会社飛鳥企画、2002

» 上嶋晃智・後反克典・大堂充・小泉貞之「和紙製造時に使用される粘性物質及びその保存に関する研究」『Journal of Technology Education』22-2、2015

» 江前敏晴「製紙用顔料及び填料の熱重量分析」『紙パ技協誌』57-2、2003

» 江前敏晴『文理融合型文化財修復科学の確立を目指した紙文化財修復法の妥当性評価（平成19年度〜平成21年度科学研究費補助金基盤研究（B）研究成果報告書課題番号19300296）』東京大学大学院農学生命科学研究科、2010

» 江前敏晴「中世古文書に使用された料紙の顕微鏡画像のデータベース化と非繊維含有物の分析」『日本史史料共同研究の新たな展開　予稿集』（東京大学史料編纂所編）東京大学史料編纂所、2012

» 江南和幸「穀物澱粉添加による紙の改質」『書物学』19、2022

» 遠藤諦之輔「古書のための『糊』学入門」『古文書修補六十年―和装本の修補と造本』汲古書院、1987

» 大川昭典「文書紙の繊維組成及び填料の観察」『古文書料紙論叢』（湯山賢一編）勉誠出版、2017

» 大橋有佳・大林賢太郎・稲葉政満「古代・中世の典籍類に使用された大豆糊―平安時代後期以降の文献調査と大豆粉糊の試作―」『文化財保存修復学会誌』59、2016

» 岡田文男・秋本賀子「古代の文献にみられる大豆糊の試作」『文化財保存修復学会誌：古文化財之科学』42、1998

» 小田寛貴「加速器質量分析法による歴史時代資料の14C年代測定―和紙資料の測定を中心に―」『国立歴史民俗博物館研究報告』137、2007

» 小田寛貴「放射化学から見た古筆切の世界」『化学と教育』66-8、2018

» 小田寛貴・安裕明・池田和臣・坂本稔「伝円珍筆三井寺切の放射性炭素年代と紙背『文選注』断簡の書写年代」『国立歴史民俗博物館研究報告』176、2012

» 菊池理予・林圭史・渡瀬綾乃「文化財の視点からみたトロロアオイ生産技術の現状―茨城県小美玉市の実例を通じて―」『無形文化遺産研究報告』14、2020

» 木下尊義・野田弘之・豊竹幸恵・勝沢英夫「填料高含有紙の細孔構造と機械的強度に与える填料粒子径とパルプ叩解条件の影響」『繊維学会誌』54-1、1998

» 京都大学『学際研究や国際共同研究をしたい！』https://ecr.research.kyoto-u.ac.jp/cat-b/b1/363/（2022年5月13日アクセス）

» 鍾國芳・張瓊之・謝佳倫・國府方吾郎「カジノキのDNAはオーストロネシア人の

移住と和紙の起源の物語をどのように語っているのか?」『古文書研究』90、2020

» 小泉貞之・上嶋晃智・後反克典・志摩喬之「和紙製造時に用いるトロロアオイ保存溶液中のクレゾールの簡易測定法」『福井工業高等専門学校研究紀要』自然科学・工学、49、2016

» 坂本昭二・岡田至弘「敦煌漢文文書の紙に使用されている粒状物の分析」『考古学と自然科学』72、2017

» 実践女子大学文芸資料研究所編『紙のレンズから見た古典籍―高精細デジタルマイクロスコープの世界―』実践女子大学文芸資料研究所、2021

» 渋谷綾子「考古学・植物学的手法を応用した歴史資料の総合的研究:『国際古文書料紙学』創出への展望」『古代文化』72-1、2020

» 渋谷綾子・高島晶彦・天野真志・野村朋弘・山田太造・畑山周平・小瀬玄士・尾上陽介「古文書料紙の科学研究:陽明文庫所蔵史料および都城島津家史料を例として」『東京大学史料編纂所研究紀要』32、2022

» 渋谷綾子・野村朋弘・高島晶彦・天野真志・山田太造「考古学・植物学を活用した松尾大社社蔵史料の料紙の構成物分析」『東京大学史料編纂所研究紀要』31、2021

» 嶋野徑子「型染における防染糊に関しての一考察―大豆糊を中心に―」『文化女子大学紀要』30、1999

» 園田直子「素材としての和紙に関する基礎的研究」『国立歴史民俗博物館研究報告』57、1994

» 高橋裕次「デジタルマイクロスコープからみた日本の料紙の特色」『書道学論集:大東文化大学大学院書道学専攻院生会誌』15、2018

» 富田正弘「日本における文書料紙の概観」『企画展示 中世の古文書―機能と形―』(大学共同利用機関法人人間文化研究機構国立歴史民俗博物館編)大学共同利用機関法人人間文化研究機構国立歴史民俗博物館、2013

» 友田正司・佐藤訓子「<学会講演要旨>植物粘質物(第11報):ノリウツギの樹皮の粘質多糖」『共立薬科大学研究年報』20、1976

» 友田正司・鈴木陽子「植物粘質物(第23報):トロロアオイ根の部分加水分解成績体」『共立薬科大学研究年報』23、1978

» 中村力也・成瀬正和「正倉院に伝世する木工品に用いられた接着剤の分析」『文化財保存修復学会誌』56、2013

» 箱石大・高島晶彦・渋谷綾子「東京大学史料編纂所所蔵明治天皇宸筆勅書の料紙調査報告」『東京大学史料編纂所附属画像史料解析センター通信』95、2022

» 橋本佳延・藤木大介「日本におけるニホンジカの採食植物・不嗜好性植物リスト」『人と自然』25、2014

» 橋本亮・川名艶子「ノリウツギ Hydrangea paniculata の成分研究附 Hydrangin に就て」『藥學雜誌』55-3、1935

» 早川典子「典籍類に使用された『豆糊』に関する赤外分光分析」『保存科学』53、2014

» 北海道新聞「標津町、ノリウツギ試験栽培に着手　重要文化財修復の和紙原料、自生木も 20 キロ採取へ」『北海道新聞 どうしん電子版』北海道新聞、2021

» 前松陸郎・元木嘉平「和紙製造に関する研究（第 7 報）」『紙パ技協誌』17-10、1963

» 増子孝義・相馬幸作・北原理作・澤田直美・宮入健・石島芳郎「野生エゾシカ（*Cervus nippon yesoensis*）が冬期から春期に採食する木本類の成分組成と in vitro 乾物消化率」『北海道畜産学会報』43、2001

» 増田勝彦「＜研究余滴＞トロロアオイを知っていますか」『學苑』828、2009

» 町田誠之『和紙の道しるべ―その歴史と化学』淡交社、2000

» 安田啓介・鈴木達也・多仁昭廣「PIXE による和紙の元素分析」『平成 11 年度財団法人若狭湾エネルギー研究センター研究成果報告集』2、1999

» 安田啓介・伊藤慶文・多仁昭廣「PIXE による和紙の元素分析」『平成 12 年度財団法人若狭湾エネルギー研究センター研究成果報告集』3、2000

» 安田啓介・伊藤慶文・笹瀬雅人・多仁昭廣「PIXE による和紙の微量元素分析（その 3）」『平成 13 年度財団法人若狭湾エネルギー研究センター研究成果報告集』4、2001

» 安田啓介・伊藤慶文・笹瀬雅人・多仁昭廣「PIXE による和紙の微量元素分析（その 4）」『平成 14 年度財団法人若狭湾エネルギー研究センター研究成果報告集』5、2002

COLUMN

料紙研究を語る

渋谷綾子・貫井裕恵・天野真志・高島晶彦・山家浩樹
協力：大川昭典・富田正弘・湯山賢一

1. はじめに

　2022年9月6日（火）、東京大学史料編纂所において研究座談会「料紙研究を語る」（非公開、主催：科学研究費補助金基盤研究(A)「『国際古文書料紙学』の確立」、共催：東京大学史料編纂所附属前近代日本史情報国際センター）を開催した。本座談会では、長年料紙分析を進めてこられた大川昭典氏（元高知県立紙産業技術センター）・富田正弘氏（富山大学名誉教授）・湯山賢一氏（神奈川県立金沢文庫長）をお迎えし、①古文書料紙に注目し研究を進めてきた経緯、②研究の現在地点とそのなかで見えてきた課題、③今後の古文書料紙研究への期待、という3点を中心にお話を伺った。聞き手は、執筆者の渋谷・貫井・天野・高島・山家の5名が務めた。

　座談会で語られた古文書学における研究動向は本書第1部の高島原稿で触れており、座談会全体の記録については別稿で取り上げる予定である。本コラムでは座談会のトピックから、第1部のまとめとして「料紙分析を始めたきっかけ」と第2部以降のテーマにつながる「研究データの可視化と共通認識」について、概要を紹介する。

2. 料紙分析を始めたきっかけ

　富田氏・湯山氏・大川氏らを中心とする研究グループは、古文書研究に自然科学的視点を早くから取り入れ、研究を積み重ねてきた。彼らの成果は、

現在の古文書料紙研究に大きな影響を与えている。そこで、三氏がどのような経緯で料紙分析に携わるようになったのか、どのような背景から共同研究を行うようになったのかをお聞きした。

　大川氏は、高知県紙業試験場（1995年より高知県立紙産業技術センター）の業務を行うなかで、文化財に用いられた紙の繊維調査などを行ってきた。さらに、増田勝彦氏（元昭和女子大学大学院教授・東京文化財研究所名誉研究員）、林功氏（日本画家）、岡岩太郎氏（岡墨光堂）らと知り合い、以後、多くの共同研究・調査を進めてきている。

　湯山氏は、文化庁書跡・古文書部門に在職していたときに指定文化財の台帳整備を行っており、京都国立博物館所蔵「後深草天皇宸翰消息」の打紙を調査したことがきっかけで料紙研究を始めることとなった。この史料は巻子本で裏にお経を書写した供養経として伝来したものであり、「後深草宸翰書状がこんなつるっとした紙なんてあり得ない」と思ったのがきっかけだという。その後、東大寺未成巻文書の指定調査で田中稔氏（奈良国立文化財研究所）に指導をいただき、「幅広い文献史料のなかで、古文書にみえる歴史事実の価値のことを改めて考え、結果的に古文書の料紙に目がいった」。現在、東大寺未成巻文書の料紙について調書の取り直しを始めており、以前の見解とは異なって、中世の料紙は地域性をもつものが少なくないことがわかってきたという。

　富田氏は、京都府立総合資料館（現在は京都府立京都学・歴彩館）古文書課に在職中、東寺百合文書の整理と目録作成に携わるなかで料紙に関心を持ち、上島有氏（摂南大学名誉教授）の料紙研究を検討するようになったという。東寺百合文書は、1975年度から目録の刊行が始まり、1979年度に全5冊の目録が完成している。それと並行して、文化庁による重要文化財指定の調査が行われ、その折に富田氏は文化庁在職中の湯山氏と知り合った。この東寺百合文書の修理時に関するさまざまな議論が、のちに富田氏が研究代表者を務めた科学研究費（以下、科研費）補助金総合研究(A)「古文書料紙原本にみる材質の地域的特質・時代的変遷に関する基礎的研究」（研究課題番

号 0431039）につながる。湯山氏によると、「東寺百合文書の修理のときに
いろんなことがわかってきた一方で、さまざまな課題が出てきたことが、料
紙研究のきっかけになった」という。

▎3. 研究データの可視化と共通認識

　現在、文化財の所蔵機関などがウェブ上で所蔵品データベースを公開して
おり、高精細画像をデジタルアーカイブとして閲覧に供しているものもある。
データベースの基本情報の多くは目録情報にもとづいており、文献に限定す
れば、必要な基本情報は目録が刊行されることによって、ある程度共有され
ている。一方、料紙研究で必要となる情報は、文化財保存の観点、つまり非
破壊で調査を行うという原則にもとづくと、すべての研究者が原本にあたっ
て科学分析を行うことは難しい。そのため、調査で獲得されたデータを公開
し、共有することが求められる。たとえば、料紙の特定に関わる項目や料紙
の繊維写真などの高精細画像をデータベースに盛り込めば、誰もが情報にア
クセスすることができ、それらのデータを通じて研究手法を学び、議論する
ことが可能となる。これまでの調査経験から調査データをどのように共有し、
料紙研究の共通認識を獲得していくべきかという問題について、富田氏・大
川氏・湯山氏の意見をお聞きした。

　富田氏は、『多可町立和紙博物館壽岳文庫所蔵寿岳文章和紙コレクショ
ン料紙調査研究：東京大学史料編纂所一般共同研究報告書』（安平勝利編、
2022 年）のように、調査データをすべて公開する、つまり調査時に顕微鏡
で観察・撮影した画像をカラーで報告書等へ掲載し、また検索できるように
デジタル情報としても公開することが重要だという。顕微鏡による撮影画像
は、鮮明なカラーのデータでこそ初めて説得力をもつ。料紙の物理的データ
と顕微鏡画像データをセットにして公開するとともに、他の研究者や専門家
以外の人も、それらのデータを見て理解できるように環境を整備することが
必要である。環境が整えば、「非破壊でも調査ができるのだということが浸
透していく」とのことである。

また大川氏は、1984年にドイツ・ダルムシュタット工科大学を訪問した折、マニラ麻と思われる紙の繊維を分析しており、顕微鏡の撮影画像がコンピュータへ取り込まれ、画像に見られる繊維の形状から分析が行われていたという。大川氏・富田氏の意見をふまえると、画像からの判断や同定が困難な場合は原本自体を見ることになるが、可能な限り鮮明な画像データを獲得すると同時に、観察・撮影手法の向上化を考える必要があるだろう。

　湯山氏は、現存する文書で生ぶの状態（製作当初の姿で後代に手を加えられていない状態）を保っているものは非常に少なく、整理されて巻物や掛物に装幀されているものが多い、その理由はそれだけ大切にしてきたからだという。画像をどれだけよい形で情報化して公開できるのか、また可視化されたデータが増えれば料紙分析の共通認識も広まっていく。成巻された史料であっても、修理で解体したとき、本紙に何も手が加えられていなければ、生ぶの姿でのデータを取ることが可能である。解体時の料紙特性とその史料が成巻された時では「紙面がこうなっている、といったところまで、画像で解析できることができたら理想的だ」という。

　料紙の表面拡大写真や顕微鏡撮影画像を蓄積し公開すること、その次に重要となるのは画像の内容に対する解析である。

　富田氏は、画像内に現れたそれぞれの物質が何であるのか、また米粉が含まれている場合、料紙においてどのような意味を持つのか理解できる必要があるという。渋谷が進めている料紙研究データの標準化につながる話であるが、研究データの情報化を実践し、共有化を進めることによって、分析結果に対する再現性の確保が可能となる。富田氏・大川氏・湯山氏がこれまで実践してきた「主観ではない形でみんながわかることを見せていく」ことは、今後も求められるものである。

　以上のように、研究座談会の概略として、本書第1部と第2部以降をつなぐトピック二つを紹介した。後者の研究データの可視化や共有化をどう進めるべきかという項目は、料紙研究の現状や課題、今後どのように展開することが望ましいか、研究全体の方向性に関するものである。今回、三氏と議

論を共有することができたことは大きな意義があると考える。

　2019 年からの新型コロナウイルス感染症の影響が依然として続くなかに
もかかわらず、直接会場に来ていただき、お話しくださった大川氏・富田氏・
湯山氏には心より厚く御礼申し上げたい。また、本座談会の開催にあたって、
会場の設営・記録や事務手続き等をお手伝いいただいた横田あゆみ氏にも感
謝申し上げる。

写真 1　研究座談会の様子

写真 2　前列左から湯山賢一氏・富田正弘氏・大川昭典氏、
後列左から貫井裕恵・渋谷綾子・天野真志・高島晶彦・山家浩樹

第2部

料紙の構造をさぐる

第 2 部を読む前に

渋谷綾子・天野真志

　第 2 部は、料紙の分析で対象とする、繊維・添加物・DNA を取り上げている。これらの構成物を正確に把握することで、料紙の製法や産地などを明らかにすることができる。内容には専門的な情報が多数含まれるため、まずは前提となる各章のポイントを紹介したい。

2-1　繊維をさぐる

　この章では、料紙の原料となる植物繊維の見分け方を紹介している。

　紙は、簡単に言うと、植物の繊維を水のなかに分散させ、それを薄く平らに漉き上げて乾燥させたものである。日本産業規格（JIS）では、「植物繊維そのほかの繊維を膠着させて製造したもの」と定義されている。日本における古文書や古記録類の料紙の主な原料として、奈良時代では麻（和名アサ、学名 *Cannabis sativa*）, 梶（和名カジノキ、学名 *Broussonetia papyrifera*）、雁皮（和名ガンピ、学名 *Diplomorpha sikokiana*）、苦参（和名クララ、学名 *Sophora flavescens*）、檀（和名マユミ、学名 *Euonymus hamiltonianus*）などの繊維が使用されたと考えられている。麻紙は奈良時代、天皇の詔書（天皇が発する公文書）や仏経典の料紙に用いられたが、生産効率の悪さから平安時代中期以後は次第に生産をやめることとなる。以後は主にコウゾの繊維に限定され、これを用いた紙が楮紙である（湯山 2017）。

　中世は楮紙の使用が主流であり、製法や填料（添加物）の異なる紙の種類として、檀紙、引合、杉原紙や強杉原が作られていた（池田 2017; 上島 1991; 富田 2014; 湯山 2017）。このうち檀紙は、11 世紀から文箱や硯箱の包

紙として頻繁に見られ、申文（下位の者から上位の者へ、願いごとなどを書いて差し出す文書）、願文（神仏に願を立てるとき、その趣旨を記した文）、詔勅（天皇が公の資格で発する文書の総称）の草案、目録、交名（名簿）、懐紙などにも使用された。縦1尺1寸（33.33cm）であり、鎌倉期以降に1尺2寸（36.36cm）前後の高檀紙、小高檀紙、大高檀紙などが出現した。檀紙の料紙には柔細胞などの非繊維物質の含有量が非常に少なく、填料として米粉が確認される。杉原紙は縦1尺（30.3cm）〜1尺1寸の紙である。12世紀に「杉原庄紙」と文献に初見した後，鎌倉時代に武士の間の書状用紙として流行した。京都や近隣の寺院でも版経（印刷された仏教教典）の用紙として用いられていたが、南北朝時代以後は、公卿の間の書状用紙にも使われた（富田 2013, 2014）。

　楮紙以外について、ガンピを原料とする斐紙★は、南北朝期には密書、戦国・安土桃山期には軍事や外交関係の文書の料紙として用いられ、江戸時代には多様な用途で用いられるようになる。さらに、三椏（和名ミツマタ、学名 *Edgeworthia chrysantha*）を原料とする椏紙は、斐紙の代用に用いられた（田中 1978; 富田 2013; 湯山 2017）。

　近世は楮紙が依然として主流であったが、斐紙や椏紙の加工技術の進歩で生産量が増加し、斐紙や椏紙が文書料紙に使用される比率が高くなった。その結果、大高檀紙、奉書紙、美濃紙などの生産が増えていった（富田 2013）。

　楮紙、斐紙、椏紙以外に、竹紙も、用途は限られたが、にじみが少なく、表面がなめらかなことから使用されてきた。ただし、日本では竹紙は生産されておらず、古くから唐紙として輸入されていた（渋谷・小島 2018）。

　紙の種類は、繊維の組成から識別することができる。本章は各種の繊維の見分け方を解説しており、繊維の先端部や中央部の形状、細胞壁の厚さ、内腔（管状や袋状の器官の内側の空間）、膜壁上の紋様、柔細胞、繊維の長さ・幅などの特徴が述べられている。古文書の料紙を顕微鏡やデジタルマイクロスコープなどで撮影した画像を見る機会があれば、本章を参考に、ぜひ識別

に挑戦してほしい。

2-2　添加物をさぐる

　この章では、紙を漉くときに加えられる物質について解説している。

　紙を漉くときには、繊維以外にトロロアオイやノリウツギなどのネリ★（紙料液中の繊維の凝集（ぎょうしゅう）と沈殿を抑える粘剤（ねんざい））、米粉、白土★（はくど）、胡粉★（ごふん）（炭酸カルシウムを主成分とする顔料）などの填料（てんりょう）を紙料（しりょう）に混ぜることがある。このような填料が混入した紙からは、イネやトロロアオイのデンプン粒、ノリウツギ★の針状結晶（しんじょうけっしょう）、白土に含まれる鉱物や胡粉の粒状（りゅうじょう）物質などが観察される（稲葉 2002; 坂本・岡田 2015; 大川 2017）。さらに、原材料に用いられた植物の茎や皮の断片、羽毛や人毛、害虫、カビなどが見られることもある（坂本・岡田 2015）。

　これらの物質は肉眼では観察することが難しい。顕微鏡やデジタルマイクロスコープなどで拡大するとどのような形状や特徴が見られるのか。詳しくは本章を読んでいただきたい。

2-3　DNA をさぐる

　私たちの研究では、手法の一つとして料紙の植物素材を対象として DNA 分析を行っている。

　生物のさまざまな形質は、ある言語によって書かれている。A（アデニン）、T（チミン）、G（グアニン）、C（シトシン）という 4 つの文字（塩基（えんき）★）から成り、それが DNA（デオキシリボ核酸）に記されている。ほぼすべての生物はこの言語で書かれた物語の本（ゲノム★）であり、個体や生物によって物語、言い換えれば文字の並び（塩基配列）が異なる。植物の DNA 分析はその植物がたどってきた物語を読み解くようなものであり、そこに書かれたゲノム情報を用いてその植物の性質やとりまく環境などを示すことができる。

　植物のゲノム情報を用いる DNA 分析では、現在製紙材料として用いられ

る植物種、すなわちカジノキやコウゾ、ミツマタ、ガンピなどから比較対象となる DNA 配列を取得すれば、その配列の個体差をもって植物の起源地を特定することができる。私たちは史料の非破壊観察・調査を徹底しており、歴史資料自体を対象とする DNA 分析は実施していないが、現生の植物サンプルから DNA の情報を抽出することによって、植物の産地を検討し、料紙の成分特定につなげようとしている。その成果をふまえれば、近年各地で頻発する大規模な自然災害で被災した歴史資料の修理や長期保存の問題に対し、科学的根拠を伴う修理・保存方法を提言することができる。これが、研究プロジェクトで DNA 分析を取り入れている理由である。

　本章では主に、日本各地で収集したコウゾの葉から抽出した DNA を分析し、その結果を解説している。料紙の素材となる植物の起源地をどこまでたどれるのか。料紙の生産地・消費地との関係を探ることはできるのか。これらの疑問の答えを見つけていただきたい。

引用文献

» 稲葉政満「紙」『文化財のための保存科学入門』（京都造形芸術大学編）株式会社飛鳥企画、2002

» 池田寿『紙の日本史』勉誠出版、2017

» 上島有「中世文書の料紙の種類」『中世古文書の世界』（小川信編）吉川弘文館、1991

» 大川昭典「文書紙の繊維組成及び填料の観察」『古文書料紙論叢』（湯山賢一編）勉誠出版、2017

» 坂本昭二・岡田至弘「古文書料紙の科学分析データベースの構築に向けて」『情報処理学会研究報告』2015-CH-105-1、2015

» 渋谷綾子・小島道裕「顕微鏡を用いた古文書料紙の自然科学分析の試み―古文書を多角的に分析する 3―」『歴史研究と＜総合資料学＞』（国立歴史民俗博物館編）吉川弘文館、2018

» 田中稔「紙・布帛・竹木」『日本古文書学講座第 1 巻総論編』(荻野三七彦・是澤恭三・斎木一馬・高橋正彦編)雄山閣、1978

» 富田正弘「日本における文書料紙の概観」『企画展示　中世の古文書―機能と形―』(大学共同利用機関法人人間文化研究機構国立歴史民俗博物館編)大学共同利用機関法人人間文化研究機構国立歴史民俗博物館、2013

» 富田正弘「中世文書の料紙形態の歴史的変遷を考える」『総合誌歴博』184、2014

» 湯山賢一「我が国に於ける料紙の歴史について―『料紙の変遷表』覚書」『古文書料紙論叢』(湯山賢一編)勉誠出版、2017

2-1

繊維をさぐる

高島晶彦

1. はじめに

　各研究グループ[1]における非破壊による顕微鏡観察での繊維の判別は、長年にわたって繊維分析・抄紙技術の研究に携わってこられた元高知県立紙産業技術センター技術部長の大川昭典氏の助言（たとえば大川 2017）を受けて確立してきたものである。

　古文書料紙の繊維観察は、100 倍の小型顕微鏡（SUGITOH 製ミクロメータスコープ）に、白色 LED ライトボード、または有機ＥＬパネルを本紙の下に敷いて透過光で行う。現在は、並行して Dino-lite Edge S Polarizer（偏光）を 220 倍率に固定し撮影している。以下に撮影した画像をあげ、その特徴を述べる。

2. 各繊維の特徴

(1) 楮（図 1）

　楮繊維は、断面の形状が円形または楕円形で、縦に長い点が特徴である。繊維幅は狭いものと広いものがあり、均一ではない。線条痕、十字痕がある。細胞壁は厚く、輪郭線もはっきりしている。繊維幅の狭いものは先端が尖り、幅の広いものは先端が丸く見える。また繊維と繊維の間隔が大きい。

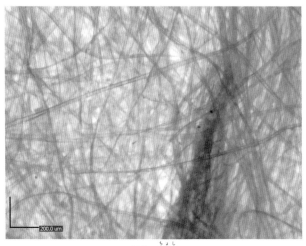

図1　楮紙

（2）雁皮（図2・図3）

　　雁皮繊維は、断面の形状が扁平で、全体に細やかさが目立つ。繊維幅は狭く、細胞壁も薄いのが特徴である。繊維には透明感があって、途中で細くなる部分や、繊維の折り返しなどが見受けられる。先端は丸く、繊維と繊維との間隔は密着していて一見して詰まった印象を受ける（**図3**）。これはヘミセルロースに富んだ非繊維細胞（柔細胞）が繊維の交差する箇所で乾燥し、潰れて広い面積をとる（被膜状となる）ためである。このようなものが多いため雁皮繊維で漉かれた紙はパリパリとした感触を持ち、固く締まったものとなる。

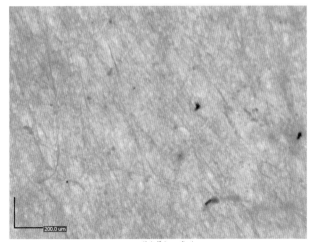

図2　雁皮紙（斐紙）

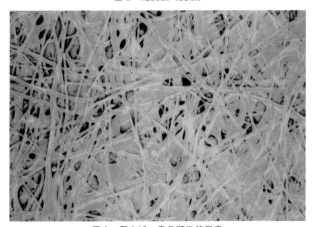

図3　雁皮紙の電子顕微鏡写真

（3）三椏（図4）

　三椏繊維は、繊維の中央部分が特に幅広く、先端に向かって徐々に狭くなっている。細胞壁の厚さも不均一で、雁皮に比べると繊維に透明感がない。雁皮のように途中で細くなる部分や、繊維の折り返しがない。先端は丸く、なかには分岐しているものを含む。繊維と繊維との間隔は雁皮ほどではないものの、楮に比べると多少密着しているように見受けられる。シュウ酸カルシウムの結晶を含む柔細胞を多く含んでいる。

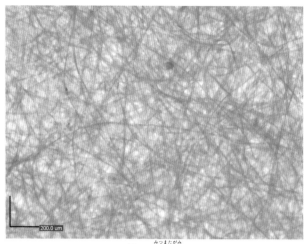

図4　三椏紙

（4）竹（図5・図6）

　竹繊維は、特に細くて短いものが目立ち、全体に透明感がない。繊維の先端が尖っていて直線的な針状の繊維、非常に幅の広い透明感のある繊維がある。また俵型の薄壁細胞（図5）、管状の組織（図6）、繊維幅よりも数倍大きい網目状の細胞（図6）が見受けられるのもその特徴である。

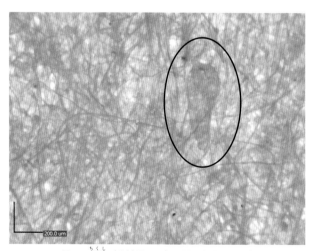

図5　竹紙（黒線囲みは網目状の細胞を示す）

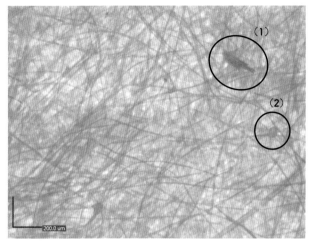

図6　竹紙（（1）管状の組織、（2）俵状の薄壁細胞）

（5）麻（大麻）（図7）

　麻繊維は、繊維壁が厚く、繊維の断面の形状が、丸みを帯びた多角形をしているため、楮より立体的で太く見える。繊維の先端は丸く、節や分岐した繊維が所々に見受けられる。縦の線条痕がある。また、ぼろ布を再利用するため、繊維が裁断され短くなっている。そのため非繊維細胞（柔細胞）も少ない。

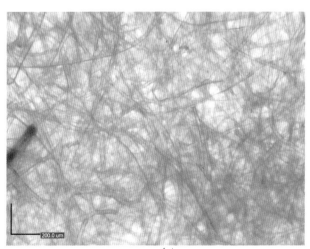

図7　麻紙

101

（6）楮打紙加工（図8）
<small>こうぞうちがみかこう</small>

　打ち紙加工とは、紙に水分を与えて繊維を膨潤させたのち、その表面を槌などで徐々に満遍なく叩いたものである。繊維がきれいに押し潰されることで、紙面が引き締められて平滑となり、サイジング効果を得ることが可能となる。楮繊維の打紙加工紙は、楮繊維の特徴を残しながら潰れて見える。その厚さは2分の1から3分の1まで圧縮することが可能である。そのため繊維が折れに弱くなる傾向にある。

　打ち紙加工を施した紙は、見た目や触感は雁皮紙に近づくため、以前は「楮交り斐」「斐交り楮」「斐紙風」などと呼ばれ認識されていたものである。このことは大川と増田勝彦が古代の写経料紙を顕微鏡観察し、さらに打紙の実験を行い、古代の製紙技術において打紙が重要な意味を持っていたことを証明している（大川・増田1983）。この研究によって、絵巻や典籍の料紙に打紙加工が施されていることが認識されるに至った。「斐」、つまり雁皮繊維であれば細い繊維が潰れることなく詰まっているので、楮打紙との判断は可能である。

　楮繊維のみで漉かれた紙で、繊維が緻密に重なりあって、表面の肌理が細かく均一に見えるものがある。密度も0・42〜0・46g／㎠と高めの数値を示している。大川氏のご教示によると、一般的な楮紙の密度は0・25〜0・35g／㎠程度とのことである。このような料紙は、繊維に切断痕が見受けられ、短く切断されている。これは古代における抄紙工程の「塵取り」と「叩解」の間で行われていた「截」という作業であり、中世では「叩解」での繊維切断が主流となってあまり見受けられなくなるのである（湯山2017）。

　なお、原料と填料とは別に混入された異物が顕微鏡観察によって見受けられることがある。一見して白紙に見える紙でも、繊維に墨のついた繊維が見受けられる。これは漉き返しの繊維で、繊維に付着している。これを「墨付繊維」としている。また、繊維が絡み合って縺れている状態の「もつれ繊維」というものがある。大川昭典氏のご教示によると、叩解という木槌や棒で繊維のかたまりを打ち叩いて、繊維を離解切断させる作業が、紙漉きの作業工

程にある。これをやり過ぎると繊維が絡み縺れる原因となる。したがって、一度紙にしたものを漉き返すとき、再度叩解を行うため、叩解の「し過ぎ」となり、この現象が起こりやすくなるのである。

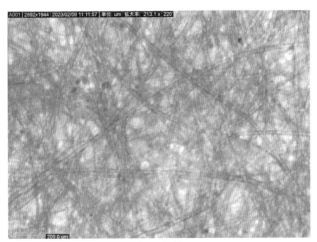

図8　打紙

1　「古文書料紙原本に見る材質の地域的特質時代的変遷に関する基礎的研究」(1992 〜 94 年度科学研究費補助金総合研究 (A)、代表富田正弘)、「禅宗寺院文書の古文書学的研究—宗教史と史料論のはざま—」(2002 〜 2004 年度基盤研究 (A)、代表保立道久)、『紙素材文化財 (文書典籍聖教絵図) の年代推定に関する基礎的研究』(2003 〜 07 年度科学研究費補助金基盤研究 (A)、代表富田正弘)、「和紙の物理分別手法の確立と歴史学データベース化の研究」(2008 〜 2010 年度基盤研究 (B)、代表保立道久)、「東国地域及び東アジア諸国における前近代文書等の形態・料紙に関する基礎的研究」(2008 〜 11 年度基盤研究 (A)、代表山本隆志)、「近世文書料紙の形態・紙質に関する系譜論的研究」(2013 〜 16 年度基盤研究 (B)、代表本多俊彦)

引用文献

» 大川昭典「古文書紙の繊維組成及び填料の観察」（湯山賢一編『古文書料紙論叢』）、
　勉誠出版、2017

» 大川昭典・増田勝彦「製紙に関する古代技術に研究Ⅱ－打紙に関する研究」『保存
　科学』24、1983

» 湯山賢一『古文書の研究 ‐ 料紙論・筆跡論』青史出版、2017

2-2

添加物をさぐる

渋谷綾子

1. 料紙の添加物

　古文書や古記録等の料紙には、原料となる植物の繊維、繊維原料に由来する細胞組織や柔細胞、抄紙過程で紙料液に加えられる填料★、ネリ★、修復時の糊などが含まれている。填料としては、主に米粉や鉱物質の白土★が利用され、ネリにはトロロアオイやノリウツギなどが用いられる（本書1-3参照）。デジタルマイクロスコープ1) を用いて料紙の表面を観察すると、米粉に由来するイネのデンプンの粒子（デンプン粒★）、白土★に由来する鉱物の粒子、ネリに用いられたトロロアオイのデンプン粒、ノリウツギの針状結晶（シュウ酸カルシウムの結晶）、繊維原料に由来する細胞組織や柔細胞、繊維の微細な破片などを確認することができる。

　この章では、古文書料紙に含まれているデンプン粒や鉱物、細胞組織、繊維の特徴や識別方法、分析におけるポイントについて、実際に史料調査で撮影した画像データを用いながら解説する。

2. デンプン粒

（1）デンプン粒とは何か

　植物のデンプン粒は、太陽光のエネルギーを使って植物が空気中の二酸化炭素と水から作り出す物質である。高等植物の種子や果実、茎（幹）、葉、根などにたくわえられ、植物のエネルギー源として機能している（Sivak & Preiss1998; 渋谷 2014 2019）。非常に安定した化学構造をもつため、熱を受

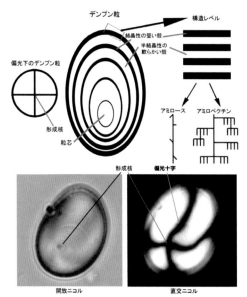

図1 デンプン粒の構造模式図と光学顕微鏡で撮影した
デンプン粒の例（開放／直交ニコルは顕微鏡による撮影
方法）

けない限り、酸にもアルカリにも強く、どのような環境でも、長期間土壌に埋没しても何千年もの間残っている（Gott et al. 2006）。さらに、植物の種（species）によって粒子の大きさ（粒径範囲）2)、外形、偏光十字（デンプン粒特有の複屈折に伴う十字状の暗線、細胞組織や鉱物などの物質には見られない特徴）、形成核（粒芯の中央部で偏光十字が交差する箇所、ヘソ hilum ともいう）の位置

が異なるが、同じ植物種であれば、植物のどの部位においても同じ形態を示す（Gott et al. 2006; 渋谷 2010b; Sivak & Preiss 1998）。**図1**はデンプン粒の構造模式図、およびデンプン粒の特徴である偏光十字と形成核を例示したものである。

　古文書や古記録類の料紙に含まれるデンプン粒には、填料の米粉に由来するイネのデンプン粒3)、ネリに由来するトロロアオイやノリウツギのデンプン粒などがある。米粉はその製作工程で熱が加えられることはない。大川（2017）によると、米粉は、米を一晩水に浸し柔らかくなったものを石臼などですりつぶし、さらに布袋などで漉したものである。そのため、料紙自体が火災などの熱による損傷を受けない限り、いわゆる生の状態でデンプン粒が保たれる（渋谷・小島 2018）。トロロアオイは、デンプン粒を多く貯蔵する器官である根の粘質多糖がネリに用いられ、ノリウツギは内樹皮の粘質多糖が用いられる。そのため、ノリウツギのデンプン粒は、トロロアオイより

も料紙に含まれる量が極めて少ない、あるいはまったく含まれていないと推定される。

　さらに、料紙の表面には、大豆糊や小麦糊（生麩糊）に由来するデンプン粒も含まれている可能性がある。これらの「デンプン糊」は、原料のダイズやコムギのデンプン粒を糊化（デンプン粒が水中で加熱されて粒子が膨潤し、粘性が高まって糊状になること）させたものであり、粒子自体の原形をとどめていないことが多い。現在市販されているデンプン糊についても、主成分であるコーンスターチやタピオカのデンプン原料を化学的に糊化させたものである（渋谷 2010a; 渋谷・西田 2006）。糊化によって原形をとどめていないデンプン粒は、由来する植物種を特定することが非常に難しいが（Lamb & Loy 2005; Weston 2009）、もし古文書や古記録類の料紙の継ぎ目や糊痕跡が見られる箇所に糊化したデンプン粒が含まれていれば、填料ではなく糊であると指摘することができる。ただし、2022 年現在まで私が行ってきた調査・研究では、古文書料紙の糊痕跡の部位にデンプン粒の含有は見られず、損壊・分解したデンプン粒についても確認できていない。

（2）料紙に含まれたデンプン粒

　デンプン粒を肉眼で確認することは難しく、一般的には光学顕微鏡やデジタルマイクロスコープなどを用いて観察する。例外として、バナナのデンプン粒は粒子が非常に大きいため（Horrocks & Rechtman 2009; Lentfer 2009）、肉眼での観察が可能である[4]。

　図 2 は、光学顕微鏡 Olympus BX53-33Z（オリンパス社製、偏光ポラライザー付き）の視野条件 1000 倍（対物レンズ 100 倍×接眼レンズ 100 倍）、顕微鏡カメラ WRAYCAM-NF500（レイマー社製）を用いて現生イネのデンプン粒を撮影したものである。デンプン粒の形態は六角形で粒径範囲 5.0 ～ 8.3 μm（1 μm = 1 ／ 1000mm）であり（渋谷 2010b）、粒子は多面体を呈している[5]。イネのデンプン粒は粒径の小さいグループに属し、一般的に、100 倍の視野条件では詳細の確認が非常に難しい。図 2 は高精度な光学顕微

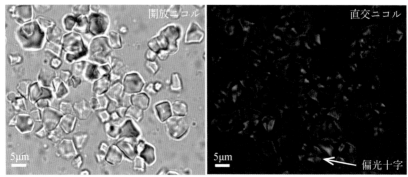

図2　光学顕微鏡1000倍で撮影した現生イネのデンプン粒

鏡を用いて、しかも植物そのものから抽出したデンプン粒を撮影しているた
め、実際の古文書料紙に含まれるデンプン粒とは見え方が異なる。

　では、料紙に含まれた填料由来のイネのデンプン粒、ならびにネリに由来
するトロロアオイのデンプン粒はどのように見えるのか。以下、史料調査で
撮影したデジタルマイクロスコープの画像を用いて、それぞれの形態学的な
特徴を紹介し、デンプン粒の計測や植物同定の方法について解説する。

イネのデンプン粒

　図3〜図6は、東京大学史料編纂所所蔵明治天皇宸筆勅書（図書登録
名：「明治天皇宸翰御沙汰書」、請求記号：S0471）の本紙の裏面を、AnMo
Electronics社製のデジタルマイクロスコープ Dino-Lite Edge S FLC Polarizer
（偏光）の220倍と Dino-Lite Premier S Polarizer（偏光）400 ×の450倍を
用いて、透過光で撮影した画像である。「明治天皇宸翰御沙汰書」は本来、
包紙（縦32.8cm、横45.1cm、厚さ0.19mm、重量8.5g、密度0.3g/cm3）に
収納されたものであり、ここで取り上げる本紙（縦32.6cm、横46.6cm、厚
さ0.19mm、重量8.3g、密度0.29g/cm3）とともに、素材はコウゾである。
調査の内容については、箱石ほか（2022）を参照いただきたい。さらに、分
析結果に対する再検証を可能にするため、Git < https://github.com/ashibuta/
gazocenter-95.git >で報告に用いた撮影画像を公開しており、そちらもあわ

せてご覧いただきたい。

　既存の料紙研究では、透過光のみを用いて 100 倍で検鏡し、料紙に含まれた粒状物質をデンプン粒であると判断しているものが多い。しかし本来、デンプン粒をほかの粒状物質と区別するためには、デンプン粒の特徴である偏光十字の有無と形状の検討が必要である。偏光十字の交差する形成核の位置も、粒子の中央部にあるのか、それとも端部寄りにあるかの違いで植物種が異なるため、重要な情報である。したがって、私たちの調査・研究では、料紙の撮影時は、マイクロスコープ本体とバックライト（顕微鏡用偏光歪検査装置）の両方に偏光ポラライザーを装着し、デンプン粒と、柔細胞や鉱物などほかの物質を明確に識別できるようにしている。

　デンプン粒の計測は、通常、偏光十字と形成核を基準として縦と横の径を計測し、これらの結果と偏光十字の形状、形成核の位置情報を合わせて植物種の同定を行う。図 2 に示したような光学顕微鏡 1000 倍で撮影した現生イネのデンプン粒とは異なり、デジタルマイクロスコープで撮影した料紙中のイネのデンプン粒は、素材であるコウゾ繊維に凝集して絡みついて確認されることが非常に多く、私たちが用いる 220 倍でもデンプン粒の形状や偏光十字の確認の困難なものが多い。しかも、光学顕微鏡やデジタルマイクロスコープで撮影される画像は 2 次元であり、焦点深度によって素材の繊維やほかの物質の奥に隠れるデンプン粒の確認は難しい。したがって、撮影画像はすべてパソコンの液晶モニタ等で拡大してデンプン粒の解析を実施しており、粒子の垂直・水平方向を基準として縦・横の径として計測し、全体長と外形をもとに植物種を同定している。

　図 3 の画像は、料紙の右端から 22cm、下から 12cm の箇所を撮影した。図 3（1）は Dino-Lite Edge S FLC Polarizer（偏光）220 倍の撮影画像、（2）は（1）を画像解析ソフト WinROOF2021 Standard を用いて、明度や彩度、物質の輪郭を明瞭にするなどの補正を行ったものである。画像中の繊維（コウゾ）の周辺が濃い色となっている部分には、外縁が黒っぽく、内部が白くなっている粒状物質が凝集し、密に重なっていた。いずれも米粉に由来する

イネのデンプン粒である。形状は六角形（凝集した一部は全体の形状が不明瞭）をなし、粒径範囲は 3.388 〜 8.470 μm である。この撮影画像には、イネのデンプン粒 42 個と細胞組織断片 5 片（**図4（1）**矢印）が見られた。画像中のデンプン粒すべてを矢印等で示すと逆に判別しにくいため、**図4（1）**では粒子の確認される範囲を示し、**（2）**ではそのうち a 〜 d における 26 個について、粒子の輪郭を囲んでどのような形状かを示した。六角形の多面体であり、形状の差異が確認される。このデンプン粒の偏光十字は 220 倍の画像では確認できなかったため、形状・形成核の位置については不明である。

　図5・図6 は、「明治天皇宸翰御沙汰書」本紙裏の中央部付近、料紙の右端から 23cm、下から 12cm の箇所を撮影した。**図3** と同じように、**図5（1）**は Dino-Lite Premier S Polarizer（偏光）400 ×の 450 倍を用いて、透過光で撮影した画像、**（2）** は **（1）** を WinROOF2021 Standard で補正したものである。**図3・図4** のように、画像中のコウゾ繊維の周辺が濃い色となっている部分には、外縁が黒っぽく、内部が白い粒状物質が凝集していた。いずれも米粉に由来するイネのデンプン粒である。この撮影画像には**図6**に示したように、イネのデンプン粒 129 個（六角形、粒径範囲 3.265 〜 8.890 μm）、細胞組織断片 7 片（**図6（1）**矢印）が確認された。450 倍で撮影した画像はデンプン粒の凝集の様子がより明瞭となっており、なかでも粒子 2 個については偏光十字の形状が確認できた（**図6（2）**）。

　イネのデンプン粒は一般的に、ほかの植物種（たとえばクリなどの堅果類）のデンプン粒よりも偏光十字の形状が不鮮明なものが多い。100 〜 200 倍のマイクロスコープによる観察において、料紙に含まれた粒状物質について特定する場合は、「粒状物質＝デンプン粒」と即断せず、物質の形状や計測を行った上でデンプン粒かほかの物質かを識別することが必要である。もし 400 倍以上の視野条件で観察することが可能であれば、同じ箇所を再度観察し、検討を行うことが望ましい。

（1）Dino-Lite Edge S FLC Polarizer（偏光）220 倍で撮影した画像

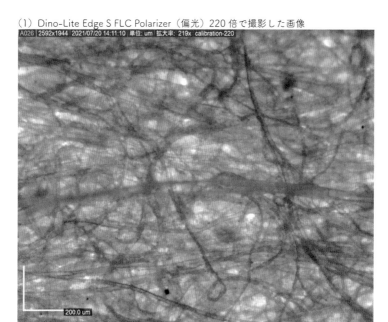

（2）WinROOF2021 Standard で明度・彩度等を強調して補正

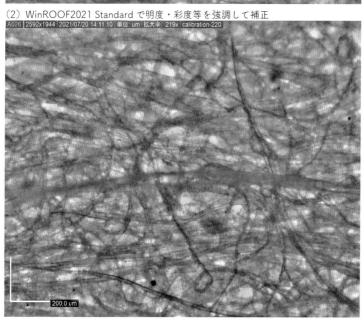

図3　東京大学史料編纂所所蔵明治天皇宸筆勅書の本紙裏（中央部付近）の撮影画像（220 倍）
（繊維の濃色箇所における粒状物質は凝集したイネのデンプン粒）

（1）画像内でイネのデンプン粒 42 個、細胞組織 5 片（矢印）を確認

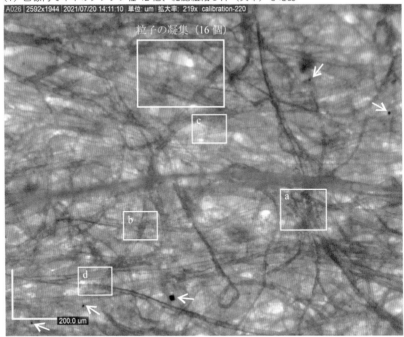

（2）デンプン粒の例（黒囲みは粒子の輪郭を示す、粒径範囲 3.388 〜 8.470μm）

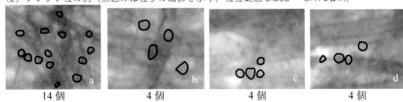

| 14 個 | 4 個 | 4 個 | 4 個 |

図 4　図 3 の画像におけるイネのデンプン粒と細胞組織断片（箱石・高島・渋谷 2022 より一部改変）

（1）Dino-Lite Premier S Polarizer（偏光）400 ×の 450 倍で撮影した画像

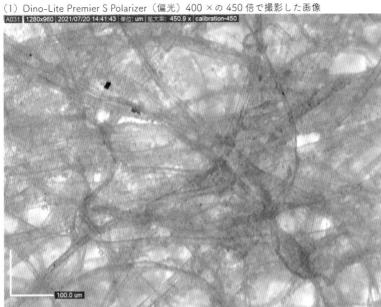

（2）WinROOF2021 Standard で明度・彩度等を強調して補正

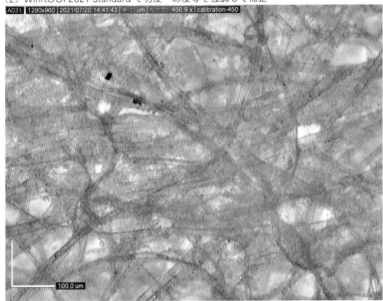

図5　東京大学史料編纂所所蔵明治天皇宸筆勅書の本紙裏（中央部付近）の撮影画像（450 倍）
（繊維の濃色箇所における粒状物質は凝集したイネのデンプン粒）

113

（1）画像内でイネのデンプン粒 129 個、細胞組織 7 片（矢印）を確認

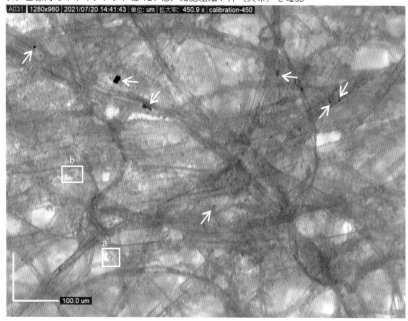

（2）デンプン粒の例（黒囲みは粒子の輪郭を示す、粒径範囲 3.265 〜 8.890μm）

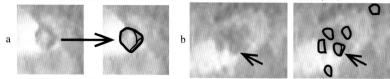

粒子端部寄りの偏光十字を確認
六角形、縦径 4.082μm・横径 8.890μm

粒子端部寄りの偏光十字を確認
六角形、縦径 3.366μm・横径 3.366μm

図 6 　図 5 の画像におけるイネのデンプン粒と細胞組織断片（箱石・高島・渋谷 2022 より一部改変）

トロロアオイのデンプン粒

　トロロアオイのデンプン粒は、円形主体で粒径は 10 ～ 25 μm 前後のものが多い（稲葉 2002; 大川 2017）。現生の植物を利用したデンプン粒標本（たとえば渋谷 2010b）では、円形主体のデンプン粒は多角形のデンプン粒に比べて凝集しにくいという特徴が見られる。実際、これまで私が実施してきた史料調査（たとえば渋谷ほか 2021, 2022）では、料紙に含まれるトロロアオイのデンプン粒は単独の状態で見られることが多く、繊維への絡みつきは少ない傾向を確認している。料紙における含有量自体も非常に少なく、粒子の大きさの分散（ばらつき）も大きいようである（渋谷ほか 2021, 2022）。

　図7 は、公益財団法人陽明文庫所蔵「近衛信尹書状」（一般文書目録番号 2372）の撮影画像である。料紙（コウゾ、現状長 31.10cm、現状幅 24.10cm）の右端から 3.0cm、上から 6.5cm を撮影した。（1）は Dino-Lite Edge S FLC Polarizer（偏光）220 倍・透過光による撮影画像、（2）は（1）を WinROOF2021 Standard で補正した画像である。イネのデンプン粒 10 個、トロロアオイのデンプン粒 3 個、細胞組織 3 片が含まれていた。史料調査の詳細については、渋谷ほか（2022）を参照いただきたい。

　図7 におけるトロロアオイのデンプン粒は繊維に密着せず、単独の粒子として確認された。いずれも円形を示し、①縦径 14.886 μm・横径 11.695 μm、②縦径 13.232 μm・横径 18.492 μm、③縦径 11.578 μm・横径 12.596 μm である。偏光十字の形状は、料紙の観察時・画像解析時ともに確認することができなかった。

　料紙には米粉由来のイネのデンプン粒だけでなく、ネリ由来のトロロアオイのデンプン粒、あるいはまったく異なる別の植物種に由来するデンプン粒が含まれている。粒状物質が明らかにデンプン粒であると推定できても、画像撮影時の焦点深度によっては形態の詳細が不明瞭なものがあり、植物種の同定が難しいものも存在する。形態学的な特徴が不明確で種同定が難しいものは、米粉由来のイネのデンプン粒、あるいはトロロアオイのデンプン粒と決めてしまわず、「種不明」あるいは「デンプン粒？」などの表現にとどめ、

（1）Dino-Lite Edge S FLC Polarizer（偏光）220 倍で撮影した画像

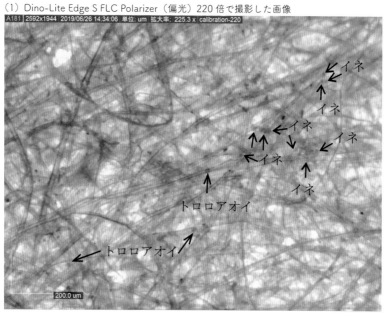

（2）WinROOF2021 Standard で明度・彩度等を強調して補正

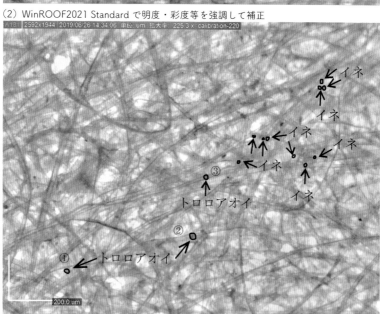

図 7　公益財団法人陽明文庫所蔵「近衛信尹書状」（目録番号 2372）の撮影画像（220 倍）
（矢印と丸囲みはトロロアオイとイネのデンプン粒を示す）

再検討することを提案したい。

3. 鉱物

（1）鉱物が示す意味

　料紙に含まれる鉱物には、填料の白土に由来する物質、修復で用いられる炭酸カルシウムやカオリンの結晶などがあげられる。このうち、白土を構成する鉱物には、石英、クリストパライト、長石、ゼオライト、雲母、方解石などがある。大川（2017）によると、鉱物質の白土は金属イオンを持つため、トロロアオイ等の粘剤と反応し繊維が凝集することがあり、地合いの良い紙を作ることが難しいという。さらに、どのような白土でも填料として使用できるわけではないため、利用自体少なかったのではないかと推定されている。

　私たちがこれまで行ってきた調査（渋谷ほか 2021, 2022）では、史料の性質にも起因するが、鉱物の含有量は全体的に非常に少なく、種類も長石や雲母に限られていた。填料として白土がどのように使用され、米粉との使い分けはどのようなものだったのか。既存の研究では、料紙に含まれた鉱物の種類・量・密度の計測が行われてこなかったため、使用の実態はわかっていないことが多い。今後、料紙の時期的・地域的特性を調べるなかで検討すべき課題の一つであるだろう。

（2）料紙に含まれた鉱物

　図8は、Dino-Lite Edge S FLC Polarizer（偏光）220倍で撮影したものであり、（1）は松尾大社所蔵「仁孝天皇綸旨」（史料目録番号333、宿紙（再生紙の一種）、現状長 33.50cm、現状幅 51.70cm、画像は料紙の右端から 6.5cm・上から 16.0cm を撮影）、（2）は都城島津家史料「朝鮮国王国書」（コウゾ・クワ、現状長 59.0cm、現状幅 118.5cm、画像は料紙の左端から 33.0cm・下から 16.0cm を撮影）の料紙の撮影画像である。どちらも透過光では料紙の構成物が判然としなかったため、反射光で撮影を行った。図中に示した矢印は長石を示す。（1）（2）の長石はいずれも、茶褐色でゆがみのある四角形

の剥片であり、繊維と繊維の間に含まれていた。なお、長石類は、カリウムやナトリウムを主成分とするアルカリ長石とカルシウム・ナトリウムを主成分とする斜長石などに分類される。**図8**の長石は220倍・450倍のどちらの撮影でも、長石の種類は特定できなかった。そのため、「長石」とのみ表記する。

　「仁孝天皇綸旨」は宿紙であり、**図8（1）**の長石がもともとの紙料に填料として添加されていたのか、それとも漉き返しの時点で加えられたのかは不明である（渋谷ほか, 2021）。一方の「朝鮮国王国書」は、料紙の全体で構成物の含有量が非常に多かった。その大半が細胞組織や柔細胞であり、ごく一部で長石が確認された（渋谷ほか, 2022）。**図8（2）**の長石は製紙材料のなかに含まれていた鉱物と推定されるが、料紙における全体量が少なく、詳細は定かではない。今後の検討課題としたい。

　既述のように、填料としての白土の使用実態はわかっていないことが多く、米粉と白土の使い分けの時期や、そもそもどのような鉱物がどの程度含まれているのか、検討が行われてこなかった。そのため、今後料紙の研究を進めるなかで、自然科学的な視点からさらに検討を重ねていく必要がある。

▍4. 繊維、柔細胞、細胞組織
（1）繊維、柔細胞、細胞組織の識別

　料紙における繊維はコウゾ、ミツマタ、ガンピなどの料紙素材に由来するものや添加された物質に由来するもの、宿紙に含まれた繊維については、漉き返しで混入したものがある。柔細胞は、高等植物の基本組織である柔組織（表皮や維管束を除いた部分の基本組織）を構成する細胞壁の薄い細胞である。細胞組織は、植物体を構成するすべての細胞の組織を指し、柔組織も含んでいる。例として、**図9**に光学顕微鏡で撮影した現生キツネノカミソリの柔組織とコウゾの柔細胞を示す。キツネノカミソリの柔組織に見える楕円形の粒状物質はすべてデンプン粒であり、セルロースの壁のなかに包含されている。料紙素材に由来する細胞組織や柔細胞は抄紙過程で微細な断片になっ

（1）松尾大社所蔵史料「仁孝天皇綸旨」の料紙に含まれた長石（矢印）

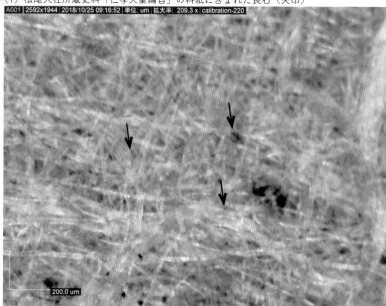

（2）都城島津家史料「朝鮮国王国書」の料紙に含まれた長石（矢印）

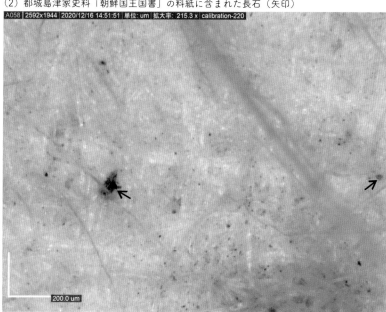

図8　料紙に含まれた長石（Dino-Lite Edge S FLC Polarizer（偏光）220倍の撮影画像）

ており、植物学での分析のように、組織切片（組織の一部を剥片にしたもの）として観察することはできないため、これらの厳密な植物同定は難しいと思われる。

江前敏晴（えのまえとしはる）の研究（2010, 2012）を除き、既存の多くの研究では、料紙に含まれた柔細胞、細胞組織、繊維の微細な断片については「樹皮片」「柔細胞」の有無を報告するにとどまり、それらの植物

（1）柔組織と貯蔵されたデンプン粒（現生キツネノカミソリ、佐倉市で採集、Olympus BX53-33Z・100 倍で撮影）

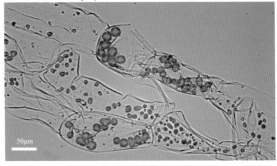

（2）現生コウゾの柔細胞（常陸大宮市で採集、Olympus BX53-33Z・400 倍で撮影）

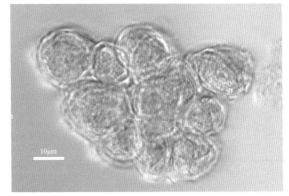

図9　現生の植物試料における柔組織と柔細胞の例

種や一紙あたりにおける量・密度の計測はまったく行われてこなかった。しかし、既述したデンプン粒や鉱物と同様に、柔細胞や細胞組織、繊維の断片がどの程度含まれているのか調べることは、製紙技術の復元や料紙の地域的特性、歴史的変遷の検討を可能にする。さらに、料紙の構成材料として、史料の長期保存や修理の方法を検討する際の重要な情報となる。したがって、添加物のデンプン粒のように特徴的な物質だけを記録するのではなく、柔細胞や細胞組織、繊維の含有量や密度についても数値データを記録することが望ましい。

（2）料紙に含まれた繊維、柔細胞、細胞組織

　では、これらの繊維、柔細胞、細胞組織が料紙にはどのような状態で含まれているのか、実際の史料の例を用いて解説する。

　図10はDino-Lite Edge S FLC Polarizer（偏光）220倍を用いて透過光で撮影したものであり、（1）東京大学史料編纂所所蔵「明治天皇宸翰御沙汰書」の料紙（コウゾ）に含まれた細胞組織断片（11片確認、画像は料紙の右端から5cm・下から10.7cmを撮影）を示し、（2）都城島津家伝来史料「源某下文案」（通番157・ID158）の料紙（コウゾ、現状長26.2cm、現状幅36.8cm、画像は料紙の右端から21.5cm・下から8.3cmを撮影）に含まれた柔細胞（3個）、繊維断片（1片）である。（2）は細胞組織の微細な断片47片も確認された。史料の詳細や調査内容については、（1）は箱石ほか（2022）、（2）は渋谷ほか（2022）を参照いただきたい。

　Dino-Lite Edge S FLC Polarizerの透過光では、料紙に含まれた細胞組織は黒色や茶褐色系統の不定型な破片として観察されることが多く、柔細胞は細胞組織断片よりも淡色系統で丸みをおびた形状が多い。料紙の素材以外で含まれる繊維は、図10（2）は1片のみであったが、ほかの調査事例では長いもの・短いものの両方がある。これらの幅はおおよそ10μm以下と細長く、両端は鋸歯状や階段状が多い。刃物で切られたような直線状の端部をもつ繊維片も見られる。細胞組織・柔細胞・繊維の含有量は、料紙の繊維素材や史料・史料群によって異なるようであり（渋谷ほか2022）、柔細胞は楮紙の史料で確認されることが多い。

　なお、抄紙過程や史料の修理時には塵が混入・付着することがあり、文字に近い箇所では墨や朱の飛散した粒が見られることがある。これらは、細胞組織や繊維の微細な断片と誤認しやすい物質である。実際、同じ料紙内で細胞組織、繊維、墨の粒子、塵が含まれている事例は、私たちの調査でもしばしば確認されている。墨や朱の粒はいずれも色の付いた非常に小さな円形であるため、文字の書かれていない箇所であっても容易に識別が可能である。料紙内の塵については、200倍の視野条件や撮影時の焦点深度によって、細

（1）東京大学史料編纂所所蔵明治天皇宸筆勅書の料紙における細胞組織（矢印）

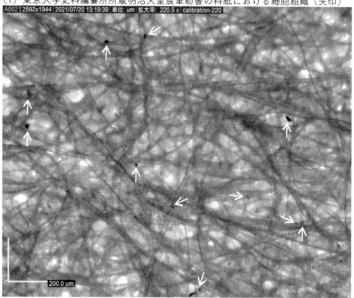

（2）都城島津家伝来史料「源某下文案」の料紙における柔細胞と繊維

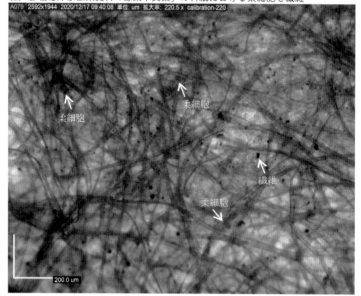

図10　東京大学史料編纂所所蔵明治天皇宸翰御沙汰書と都城島津家伝来史料「源某下文案」（通番 157・ID158）の料紙における細胞組織、柔細胞、繊維（Dino-Lite Edge S FLC Polarizer（偏光）の 220 倍で撮影）

胞組織や繊維の微細な断片と酷似して見えることが多く、分析時は注意する必要がある。ただし、塵は植物由来の物質ではないため、植物学の知識をふまえて検討を行えば、多くの場合、識別が可能である。細胞組織か塵か、判断に迷う場合は、画像データを拡大したり、撮影倍率を上げて再度観察したりするなど詳細な検討を行うことが必要である。植物学の研究者に助言を求めてもよいだろう。

5. まとめ

　本章では、古文書料紙に含まれているデンプン粒や鉱物、細胞組織、柔細胞、繊維について、それぞれの特徴や識別方法、分析におけるポイントを解説した。これらはすべて非破壊による観察・撮影によるものであり、**図3〜図8・図10** は、各物質の比較的識別しやすい画像データを中心に取り上げた。実際の調査では、透過光も反射光も撮影が難しい史料、複数種類の添加物が含まれる画像も存在する。ここで取り上げた情報のみを絶対視せず、史料の現況に応じて計測・解析を行う必要がある。

　私たちの調査の基本項目・分析基準については、史料調査ハンドブック（渋谷・横田 2022）にまとめており、本書第3部でも解説している。ハンドブックは、PDF を東京大学史料編纂所のウェブサイト <https://www.hi.u-tokyo.ac.jp/collaboration/fruits> に載せているので、参考材料の一つにしてほしい。

1　料紙の分析では、主として対物レンズのみのマイクロスコープを使用する。接眼レンズと対物レンズを用いて肉眼では見えない微少な物体を拡大し観察する光学顕微鏡に比べて、マイクロスコープは、焦点深度（レンズのピントが合って見える範囲）が深く、角度や長さを計測する機能がある。光学顕微鏡の接眼レンズに相当する部分がデジタルカメラとなり、観察対象をモニターに映す。顕微鏡やデジタルマイクロスコープの種類や選び方などについては、後の章（本書3-3）で解説しているので、そちらを参照いただきたい。

2　粒子はいずれも球体や多面体であり、デジタルマイクロスコープなど2次元での

撮影ではいずれかの面が見られる。そのため、同じ植物種であっても形や大きさのばらつきが見られる。ただし、この粒径範囲は種によって定まっているため、種を同定するポイントの一つである。

3　イネ以外のイネ科穀類（アワなど）のデンプン粒が料紙に含まれていたという報告が数例あり、これらのデンプン粒は填料に由来すると述べられている（本書第1部参照）。しかし填料は、紙に白さや不透明性、表面の平滑性、柔軟性などを与えるために加えられるものであり、ほかのイネ科穀類を填料として用いる意義、その製法や利用実態はまったく定かにされていない。そもそもこれらの報告で扱われた史料について、正当性・妥当性の検討が行われたのかという史料批判の疑問がある。富田らによる料紙分析や筆者らの調査事例では、2022年現在までイネ以外のイネ科穀類のデンプン粒は確認されていない。本書ではこれらの背景から、イネ以外のイネ科穀類のデンプン粒については言及しない。

4　皮をむいてから果肉をスライドガラスや透明アクリル板にあとが付く程度に軽く押しつけ、あるいは爪楊枝を使って少量とり、スライドガラスやアクリル板2枚の間にはさんで押しつけた後、市販のポピドンヨード入りうがい薬を1滴垂らすと、青紫色の非常に小さな粒状物質が肉眼でも観察可能である。ウェブサイトではいくつかの実験例が検索できるので、興味のある方はご覧いただきたい。

5　一部の研究は、イネのデンプン粒の形状を「不定形（ふていけい）」と表記している。しかし、光学顕微鏡やデジタルマイクロスコープを用いた2次元の観察において、六角形やいびつな四角形の面が見えているだけであり、正確には六角形の多面体をなす粒子である。

引用文献

»　Gott, B., Barton, H., Samuel, D. and Torrence, R.: Biology and starch. Ancient starch research (R. Torrence & H. Barton eds.). Left Coast Press, Inc., 2006.

»　Horrocks, M. and Rechtman, R. B.: Sweet potato (*Ipomoea batatas*) and banana (*Musa* sp.) microfossils in deposits from the Kona Field System, Island of Hawaii. Journal of Archaeological Science, 36, pp. 1115–1126, 2009.

» Lamb, J. and Loy, T.: Seeing red: the use of Congo Red dye to identify cooked and damaged starch grains in archaeological residues. Journal of Archaeological Science, 32, 2005.

» Lentfer, C. J.: Going Bananas in Papua New Guinea: A preliminary study of starch granule morphotypes in Musaceae fruit. Ethnobotany Research & Applications, 7, 2009.

» Sivak, M. and Preiss, J.: Starch: Basic science to biotechnology. Advances in food and nutrition research (M. Sivak & J. Preiss eds.). Academic Press, 1998.

» Weston, J.: Seeing red: the use of a biological stain to identify cooked and processed/damaged starch grains in archaeological residues. terra australis 28: New Directions in Archaeological Science (A. Fairbairn, S. O'Connor & B. Marwick eds.). ANU E Press, 2009.

» 稲葉政満「紙」『文化財のための保存科学入門』(京都造形芸術大学編) 株式会社飛鳥企画、2002

» 江前敏晴『文理融合型文化財修復科学の確立を目指した紙文化財修復法の妥当性評価 (平成19年度～平成21年度科学研究費補助金基盤研究 (B) 研究成果報告書課題番号19300296)』東京大学大学院農学生命科学研究科、2010

» 江前敏晴「中世古文書に使用された料紙の顕微鏡画像のデータベース化と非繊維含有物の分析」『日本史史料共同研究の新たな展開 予稿集』(東京大学史料編纂所編) 東京大学史料編纂所、2012

» 大川昭典「文書紙の繊維組成及び填料の観察」『古文書料紙論叢』(湯山賢一編) 勉誠出版、2017

» 渋谷綾子『日本の先史時代における植物性食料の加工と利用：残存デンプン分析法の理論と応用』博士論文、総合研究大学院大学、2010a

» 渋谷綾子「日本列島における現生デンプン粒標本と日本考古学研究への応用―残存デンプン粒の形態分類をめざして」『植生史研究』18-1、2010b

» 渋谷綾子「デンプンからわかる食べ物」『ここまでわかった！縄文人の植物利用』(工藤雄一郎・国立歴史民俗博物館編) 新泉社、2014

» 渋谷綾子「でん粉が明かす昔と未来」『月報砂糖類・でん粉情報』11、2019

» 渋谷綾子・横田あゆみ編『古文書を科学する―料紙分析 はじめの一歩』東京大学史料編纂所、2022

» 渋谷綾子・高島晶彦・天野真志・野村朋弘・山田太造・畑山周平・小瀬玄士・尾上陽介「古文書料紙の科学研究：陽明文庫所蔵史料および都城島津家史料を例として」『東京大学史料編纂所研究紀要』32、2022

» 渋谷綾子・小島道裕「顕微鏡を用いた古文書料紙の自然科学分析の試み―古文書を多角的に分析する 3―」『歴史研究と＜総合資料学＞』（国立歴史民俗博物館編）吉川弘文館、2018

» 渋谷綾子・西田泰民「附：参照デンプン試料について」『新潟県立歴史博物館研究紀要』7、2006

» 渋谷綾子・野村朋弘・高島晶彦・天野真志・山田太造「考古学・植物学を活用した松尾大社社蔵史料の料紙の構成物分析」『東京大学史料編纂所研究紀要』31、2021

» 箱石大・高島晶彦・渋谷綾子「東京大学史料編纂所所蔵明治天皇宸筆勅書の料紙調査報告」『東京大学史料編纂所附属画像史料解析センター通信』95、2022

2-3

DNA をさぐる

石川隆二

1. 植物を識別する

　植物の種類を明らかにするためには外部形態をもとに判断することが一般的である。イネ、トウモロコシ、およびダイズを区別するには、まず種子の形態や芽生えの時期に双葉のあることがダイズを見分けることになり、種子の胚乳を形成していることがイネとトウモロコシの共通する特徴である。イネとトウモロコシは大きくなれば葉は茎を取り巻く葉鞘と、その先端に外側に垂れ下がるように葉身が形成される。その葉鞘と葉身の接合部にはカラーと呼ばれる"襟首"のような組織ができる。この組織があるからこそ葉は外側にたれ、光を葉の表面で受けることになる。イネの仲間は大陸を超えて生息しており、各大陸に固有種がみられる。それらの固有種は外見がイネの仲間（イネ属）ではあるが種が異なる。これはわずかな形態の違いとともに交雑した個体がそのあとに種子ができないということを示す。ただ、組織がミクロなレベルになると属や種の識別は非常に困難となる。このようなときにDNA での判定が行われることで属や種、さらに種のなかの品種の同一性もみることが可能となる。そのために既存の判定材料をもとに利用可能な基盤情報が必要とある。

2. 植物ゲノム

　植物種の細胞は基本的には細胞壁とそのなかの細胞膜で囲まれており、遺伝情報は細胞のなかのさらに膜に包まれて小区画となる核に存在する。その

核の外にも葉緑体ならびにミトコンドリアという小区画があり、それぞれ DNA を含んでいる（**図1**）。これらをゲノム★と呼ぶ。植物研究では改良や進化の道筋を明らかにするためにゲノムの DNA 配列のすべてを明らかにする研究が進みつつある。それを可能にしたのが次世代シークエン

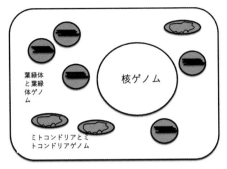

図1　植物の細胞に含まれるゲノム。膜で包まれる核には染色体が納められ、その DNA は核ゲノムと呼ばれる。細胞質ゲノムは葉緑体とミトコンドリアに含まれる。

サー（NGS）という技術である。比較的安価になり、高速な処理を可能にする一般的なコンピューターやソフトが入手可能になったことも研究室レベルで利用できることにつながっている。NGS という手法は塩基配列を大量かつ迅速に入手できる塩基配列解析システムの総称である（**図2**）。150bp のリード（1 リードは 1 回読み込んだデータ）を数億リード得ることで配列データを作成する。そのデータをもとにすでに公表されている塩基配列に対して比較を行うことができる。

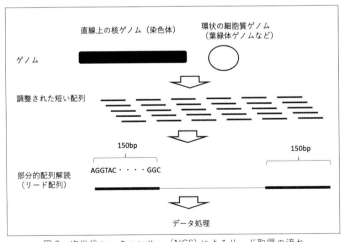

図2　次世代シークエンサー（NGS）によるリード取得の流れ

　料紙を形作る成分を研究するときに植物繊維のみならず、その製造過程で混入されるデンプンや残留物である細胞の痕跡、ならびにゲノムの痕跡（短くても種の特徴を有する DNA 配列）のあることが期待される。 DNA 解析から何か情報が引き出せるとするなら、和紙の材料の地域特異性や、目的ごとに異なる材料が使われていたことなどであろう。それぞれの解析結果が得られるなら料紙復元のために同じ材料を用いることや、書面がしたためられた料紙の生産された場所を特定することも可能になる。

▌3. どこまでわかるのか

　コメ自体が糊などの充填剤として利用されるなら、材料として識別可能なレベルはゲノムの復元率によるものの、二大品種群として知られるインド型か日本型のいずれが用いられたかについては少なくとも知ることができる。そのために葉緑体ゲノムが利用可能である（Ishikawa et al. 2002）。地域ごとに異なる品種が作付けされていたならば、復元した DNA 配列により材料のイネ在来種*の識別が可能となる。ただし、現時点で入手できるデータは明治以降の在来種の大きな地域分布である。農林水産省では日本のコアコレクションの情報を公開している（Ebana et al. 2008, Tanaka et al. 2020）。この品種をもとにして、単純反復配列（SSR マーカー。ATATAT などの繰り返し構造の変異をもとに品種間識別を行うもの）や、ゲノム上の一塩基多型*（SNP）をもとに「現存している在来種のうち供試されたイネと高い類似性を示すもの」を探し出すことが可能である。ここでは同一品種もしくは類似する品種を特定できるが、栽培されていた地域に関する情報は曖昧であるため、それ以上の追跡は困難である。

　このように限界はあるものの基盤情報次第で得られる情報量も変化し、蓄積することができる。ただ、イネ科などと大きな分類で素材が利用されるとその途端に科学的な追跡が困難となる。それは分類に用いる“篩い”の網の目が大きくならざるとえず、イネの“篩い”用の編み目ではとらえきれないからである。つまりトウモロコシ、オオムギ、コムギ、サトウキビなどのそ

れぞれの分類単位を一つの"篩い"では決めることができないからである。かろうじて PS-ID* 配列が植物種を大きくなら分類できることは報告されている（Nakamura et al. 1997）。

　では、そのほかの料紙構成要素ではどうだろう。"カジノキ"もしくは"コウゾ"と呼ばれる植物の繊維は和紙にとっては欠かせないものとなっている。カジノキではどの程度明らかになっているかについては台湾の中国科学アカデミー生物多様性研究センター・研究博物・標本館の Chung 氏らのグループが東南アジアから日本までの詳細な研究を行っている（Kuo et al. 2022）。彼らのコウゾの歴史によると日本でいうところの"コウゾ"は"ヒメコウゾ"とされ、中国、韓国、日本に分布する植物種であり、かって日本では単に"コウゾ"と呼ばれていた。江戸時代になり"コウゾ"は *Broussonetia kajinoki* と *B. papyrifera* との雑種を意味する言葉とされるようになった。ただし、*B. kajinoki* は *B. monoica* であることが報告された。*B. monoica* はしかしヒメコウゾであり、*B. monoica* と *B. papyrifera* の雑種が *B.* x *kajinoki* となることがわかった。

　このような背景のもとゲノムデータベース（https://blast.ncbi.nlm.nih.gov）において 2 種類の *Broussonetia* に関する葉緑体ゲノムが登録されていた。NC_037021（160,903 塩基；bp）　*B. kazinoki* x *B. papyrifera*, KX828844（160,239 bp）　*B. papyrifera* である。この 2 種類も上記の種名の混乱の影響を受けている可能性が一部研究者から指摘されている。しかし、塩基配列の比較をすることで異なる領域を検出することができた。いずれも単純な塩基の繰り返し、短い配列の繰り返し数の違い、数塩基の繰り返し（単純塩基反復、SSR）単純な挿入・欠失（INDEL*）による違いであった（表1）。これらを DNA マーカーとして用いることにより、個体間の識別を試みることができる（図3）。

　NGS の配列を元に仮想的な長い配列を構成して未知のゲノム配列を再構成（*de-novo* assembly）することも可能である。カジノキの在来種としてよく知られている。カジノキの既報の葉緑体ゲノムはおよそ 16 万塩基で構成

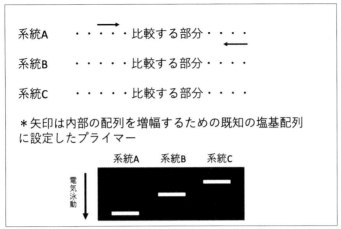

系統A　・・・・・比較する部分・・・

系統B　・・・・・比較する部分・・・・

系統C　・・・・・比較する部分・・・・

＊矢印は内部の配列を増幅するための既知の塩基配列
に設定したプライマー

系統A　　系統B　　系統C

電気泳動

図 3　標的配列を増幅するために設定するプライマーと比較手法としての電気泳動

表 1　カジノキの葉緑体ゲノム間における塩基の多型

タイプ	NC_037021 － KX828844　の比較
単純な挿入・欠失 （INDEL）	aaagaaaaaaacgac ||||||||||||| aaagaaaaaaa-gac
1 塩基繰り返し	ttagaaaattc--aaaaaaaaaa ||||||||||||||||||||| ttcgaaaattcaaaaaaaaaaaa
単純な塩基反復の 繰り返し	attaattaatatatat------taattata-at ||||||||||||||||　　　　|||||||||||| attaattaatatatatatatatataattatatat
重複	cttcagtctaaatatctat----------------aaaat |||||||||||||||||||　　　　　　　　　　　　||||| cttcagtctaaatatctatcagtctaaatatctataaaat

される。イネの同ゲノムはおよそ 12 万塩基のため 1.2 倍大きいことになる。
ただ、細胞のなかにあるほかのゲノムである核ならびにミトコンドリアゲノ
ムよりも高いコピー数（データからはおよそ 200 倍）で存在している。そ
のため再構成された配列は、それを構成するリードの反復数をもとにほかの
ゲノムと識別して葉緑体起源であることを見分けることができる。1200 万
リードを利用した再構成では途中の欠損部分ができてしまったものの、つな
がった配列においては既知のカジノキ類の配列と相同性が高く、比較に値す
るデータを取得することができた。このようにコストがかかるものの、初め

ての植物種をもとに実験をすすめるためのデータを入手することが可能である。得られたデータにおいても、一部の欠損があったものの再構築されたものは葉緑体ゲノムの特徴を示しており、系統間の比較が可能であった。

　もう一つの NGS を利用した解析方法はリーシークエンスである。これは Chung 氏も行っている方法であり、既知のゲノム配列に対して得られたリードを貼り付けることで同じ部分と異なる部分を検出して新たに配列を構築する方法である。こちらはその手順から高速処理が可能である。さらに再構築された配列データから、系統間の DNA の異なる部分（多型、たけい）を予測することができる。これらの予測ができた後に、PCR 法と呼ばれる既知の配列間の DNA を増幅する実験手法が適用できる。ここでは 20 塩基程度の配列にはさまれた 200 塩基程度の未知の配列を得ることができる。そのため、比較したい系統の葉からの DNA 抽出・精製を行ってからの実験となる。図に示したようにプライマーという 1 本鎖（通常のゲノムは 2 本鎖）の合成 DNA を既知の配列部分に設計する。そのプライマーを合成したのちに PCR を行って、得られた増幅 DNA を電気泳動に供試する（**図4**）。

　ここまで述べた方法は理系の学部学生が取得できる程度の技術であり、今後、応用方法の拡がることが期待される。筆者自身もイネの作物育種学が専門であるが南西諸島の在来カンキツの解析においてはシークヮーサー、ならびに中国の在来作物であるヒシにおいても適用してその成り立ちや多様性程

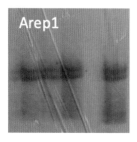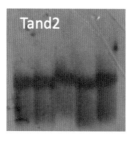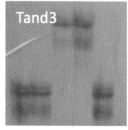

図4　マーカーで在来種の識別を試みた電気泳動。それぞれのレーンに在来種の PCR 産物を泳動している。

度から進化の経路を推定する成果を得ている。

　カジノキにおいてもこのような解析手法において母系列の比較を行うマーカーが作成できる。葉緑体は基本的には母親由来のケースであり、系統を追跡することに利用できる。また、先に述べたように細胞内のコピー数が多いことから、時代を経た料紙など破壊された DNA についても復元可能性が高い。武藤らは明治時代に備蓄米として残された玄米から比較的高率的に DNA を復元している（Muto et al. 2020）。同じくイネの例では炭化したおよそ 5000 年前のイネからの復元も行っている（Tanaka et al. 2021）。

4. カジノキの識別

　系統間の比較については基盤として現在識別できる在来種間の情報が必要である。そこで初めて過去の DNA 情報の比較が可能となる。カジノキの分析では最初に在来種であるアカソ、アオソ、カナメ、ナス 、およびたおりの比較を行った。識別マーカーは上記のゲノム情報から得られたものである（**図 5**）。その結果、Arep1 マーカーではナスのみが DNA の増幅がなく、Tand2 ではカナメとたおりがやや大きな DNA を示すために泳動が遅れて上部にバンドを示した。Tand3 ではカナメとなすが同じ多型を共有しており、ほかと異なることがわかる。これらを情報として表にまとめた（**表 2**）。ここではアカソとアオソが同一であることがわかる。ただし、これはすべての DNA 情報を比較したものでないことから、"比較的"高い類似性を示すが、

SSR(AT)8-1　GTGTGTGTGC(AT)14(AG)12ATTTTTTTAA

SSR(AT)8-2　CGAAACCTTT(AT)9ACGTGTGTGT

SSR(AT)8-3.　ACTTCTTCTG(AT)11AATATTCTCT

図 5　AT の 8 回繰り返し配列をもとにゲノムデータから選抜した多型候補。およそ 300 万リードから 12964 配列が見出された。たおりでは 14250 回、カナメでは 14026 回見出された。（AT）8 は検索に利用した配列での反復数を示す。（AT）14 などは AT の繰り返しが 14 回あることを示す。

表 2　在来種間における葉緑体の DNA 解析から得られた多型情報

マーカー	在来種				
	アカソ	アオソ	カナメ	なす	たおり
Arep1	1	1	2	1	-
Tand2	1	1	2	1	2
Tand3	2	2	1	1	1

必ずしも "同じ" 個体であることをいうものではない。あとで示す MIG-seq など大量データをもとに、より高い信頼性を持った比較を行うことが必要である。植物分類学的にはより高度な解析データが必要であり、Kuo-fang 氏らは供試材料※のすべての全葉緑体ゲノムを取得して比較をすすめている。東南アジアから日本にかけての大きな分類情報と詳細な系統関係はこれから明らかにされてくることが期待され、その情報をもとにより高度なマーカー開発も可能である。

　母系だけでなく核ゲノム※を利用した多型解析は、より精度の高い系統間の比較や個体間の比較を行うことができる。植物の核ゲノムは細胞質ゲノムと呼ばれるミトコンドリアや葉緑体ゲノムと比べて、比較的早い塩基置換が進む。そのため核ゲノムの多型マーカーを供試することで個体間の識別が可能である。上述のイネの在来種の違いが核マーカーにおいて比較されており、品種の識別が可能になっている。いまや日常的に食べている品種の混入の識別でさえも可能である。そのようなときに最も簡単に利用できるマーカーが SSR マーカーである。未知の植物でも NGS による塩基取得がされていれば簡単に検出できる。ここでは AT の 8 回繰り返し構造をデータから入手できた例を示す（図 5）。150bp のリードから検索することにより繰り返し構造の両側の配列を抽出した。単純な塩基繰り返し構造の隣接する配列が得られ、その配列をマーカーとして確立することができる。さらに、その隣接配列をほかの NGS データに検索することで標的の繰り返し構造の違いを検出することも可能であった（表 3）。

表 3　核の AT 繰り返し構造に対応する各在来種間の多型

プライマー		繰り返し構造の多型		
フォワード	リヴァース	たおり	カナメ	アオソ
GAAATTACACGTGTTGTG	TTCGCCTCCTATCTTACGAG	(AT)10(AG)13	(AT)10(AG)12	(AT)14(AG)12
CAGGAGAAACAGACTTGGGAG	ACAAGAACATTTGTGATAAC	(AT)10	(AT)10	(AT)9
GCCTATAACTCTAGCCC	GTTACTTCTTGAAGCCATTG	(AT)10	(AT)10	(AT)11

5. 畑のコウゾ

　栽培されるコウゾの違いは栽培される畑でみることができる。良質なコウ
ゾを生産する茨城県の大子那須楮を案内していただいたときに異なる外観の
コウゾを栽培されていた。そこの栽培されている方は赤楮ならびに黒楮と呼
び分けて栽培する畑においてもわけて植えていた（**図 6**）。コウゾは植え付
けてからある程度育ったところで上部を刈り取ってコウゾの薄皮を剥いで和
紙の原料とする。その後、多年生的なコウゾは親株の根元からひこばえと呼
ばれる分枝を伸ばし始める。地下茎からも伸びることがあり、垣根を潜って
下から畑の外にでることもあるという。そのため赤楮の区画からほかの区画
にひょっこりと新たな枝を伸ばすこともあるだろう。このような色の違いで
は、ときに白楮と呼ばれる色の薄いものが出現することもあるという。その
理由はわからないものの生きている生物である以上、成長の違いによる外観

図 6　大子楮畑の赤楮（左）と黒楮（右）

の違いや元の木とは異なる色の変異を示すことがある。では、このような外観の違いは DNA の違いと関連しているのだろうか。一つ一つのマーカーでの類似性は確率が低く、より多くのマーカーや DNA による識別が高い信頼性のもと比較が行える。

▍6. MIG-seq による解析

　ここでもゲノム情報の少ない生物種特有の解析方法がある。MIG-seq も NGS を利用した大量の塩基配列を利用した配列解析方法である（Suyama and Matsuki 2015）。以前から SSR 間の配列を解析する Inter-SSR★（ISSR）が生物間の多型を検証する方法として利用されていた。ゲノムの特定の位置に固有の DNA プライマーが設計できなくてもさまざまな SSR を想定して、その間の配列を PCR で得る方法である。これまでは多型について DNA 泳動のパターンにより生物種間や個体間の識別を行っていた（Gupta et al. 1994）。その配列情報を NGS で一括して取得して、内部の配列の多型をもとに識別する方法が開発され、MIG-Seq と呼ばれている。微量の DNA で適用可能であることから蝶の標本、植物の標本、過去の DNA サンプルなどをもとに同手法を適用することが可能である。カジノキ葉は不純物が多くイネと同じようにはきれいな状態の DNA を入手することができない。さらにサンプルも各地の在来種を個人で集めることが困難な場合に各地の研究協力者に採取を依頼して、送付された葉をもとに DNA を抽出することがある。このような場合、新鮮で若い葉を利用できないこともある。葉は古くなれば多くの液胞（えきほう）を含む、内部に多様な有機物を蓄積する。この有機物がきれいな DNA を抽出するための妨げとなる。このようなときにも MIG-seq は適用可能である。ただし、いまだにコストがかかるため大量サンプルの解析には実用的とはいえない。

　筆者は葉緑体 DNA 解析からグループ化したサンプルをもとに MIG-Seq を適用した。その解析結果を図 7 に示した。供試したサンプルは各地から送付された野生種や和紙生産者の利用しているコウゾである。特徴的な由来

はナスと呼ばれる在来種である。茨城県常陸大宮市役所に当時在籍されていた石井氏に案内していただいた同市内の野生コウゾや栽培コウゾである。この近辺のコウゾはナスコウゾという在来種であるとされる。栃木県那須からの船による輸送により、呼称として"那須"という名称が固定したものという。また、あまりに流通したことからほかの県でもナスコウゾを栽培していることがある。実際に同じ株を分譲され栽培しているケースが想定される。MIG-Seq から得られた多型情報をもとに作成した系統樹からは茨城県の畑で栽培されているコウゾと高知県のナスが非常に近い遺伝的関係が示された（図7）。興味深いことに同じく高知県で栽培されているコウゾでカナメとしているものが非常に近い関係性を示している。葉緑体 DNA の多型解析から

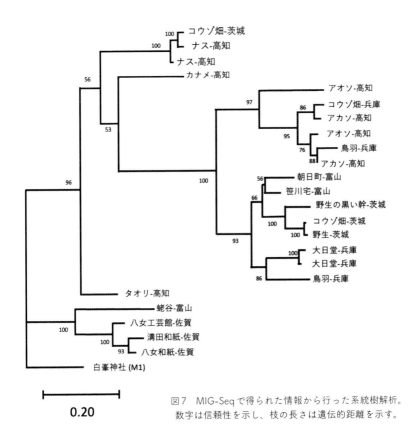

図7　MIG-Seq で得られた情報から行った系統樹解析。
　　　数字は信頼性を示し、枝の長さは遺伝的距離を示す。

はこれらは異なるものとして識別されている。母系が異なっていても交雑を通して遺伝的構成要素（核の DNA）が交換されることによりこのような事例は説明できる。

　アオソ、アカソなど同じ高知県の栽培されているものは遺伝的に近い位置に示されたものの同一とは判断できない。この点では、MIG-seq の ISSR 増幅においてすべての増幅可能領域が増えていなかったときに生じることが考えられる。そのため、どの程度、同一個体を“同一”と判定できるかはやはり、安定した DNA が得られて供試されたかという条件がついていまわる。なお、この類似グループには兵庫県における鳥羽に近い野生種や栽培コウゾも含まれる。同じ種類のコウゾを利用している可能性が指摘できる。

　アオソならびにアカソと類似していながらやや異なるグループとしては富山、茨城、兵庫県までの広い地域での野生種が含まれる。一方、タオリは佐賀県八女市の和紙と類似しており、高知県から佐賀県まで広い範囲で類似しているものが利用されていることを示す。なお富山県の蛯谷は野生種として採取されたものである。Chung 氏が指摘しているように、日本のコウゾはヒメコウゾである *B. monoica* と栽培種 *B. papyrifera* が交雑したことにより生じたとすると、1 回にとどまらず自然界や畑において複数回の交雑が生じた可能性もある。また、鳥がついばんだ種子が広く拡散する過程において、野生種から畑に移し替えて栽培された場合には遺伝的に多様なコウゾが利用されることになる。特に多年生である植物は他個体と交雑した遺伝的雑種（ヘテロ状態）になる可能性が高い。そのまま種子が拡散して利用されることで多様状態が維持されることにもなる。実験では同様な解析を一つの畑で栽培される異なる外観のコウゾにも適用した。赤楮と黒楮である。その結果、外観が異なっても非常に近い類似性を示す赤楮と黒楮もあったものの、黒楮は幅広い遺伝的多様性を示していた。ほかの常陸大宮市の農家の複数の個体も多様性が高かった。そのことからコウゾの栽培は、近年の農業にみられるような集約された農業とは異なる形態で栽培を行っていたことがわかる。

7. 神さまのコウゾ

興味深いケースを一つ示す。

京都の白峯神社は蹴鞠の神様としても知られており、Jリーグのプレーヤーも参拝に行くと聞いている。そこには古いコウゾがご神木の一つとして植えられている。もともとコウゾは東南アジアから拡散して朝鮮半島を経由して日本に渡来した可能性もある。紙の製法を含めて渡来人が伝えたときに京都・奈良地域に最初のコウゾの持ち込みを推定することができる。そのため、神社など極めて保存性が高い植生から昔の状態のものが維持されていることも考えられる。そこから徐々に拡散した材料が日本の野生種と交雑を通して多様性を生み出したのだろうか。さらに、熊本県水俣市久木野地区でも製紙産業が盛んなときは、周辺でコウゾ栽培が盛んで、いまでも野生化したコウゾをみることができる。そのように拡散と栽培からの逸脱が起こることで、日本中にコウゾが拡がって野生種と交雑を繰り返していることが想定される。そうなると、DNA解析から料紙の供試材料の地域の特定を行うことは困難である。ただ、同じ性質を有しているだろう個体を現存のサンプルと比較して、補修のための材料として利用可能なものを特定することはできる。

以上のように、DNAの料紙解析への利用には限界もあるものの、今後のDNA解析技術の応用としての可能性を考える材料を提供できるものと思う。さらに、料紙分野を限らず、多様な植物種での応用は今後もコスト的にも適用範囲が拡がるとともに、これまでできなかった方面への応用も期待できるであろう。

参考文献

» Chung K-F, Kuo W-H, Hsu Y-H, Li Y-H, Rubite RR, Xu W-B. Molecular recircumscription of Broussonetia (Moraceae) and the identity and taxonomic status of B. kaempferi var. australis. Bot Stud 58:e11, 2017.

» Ebana K., Kojima Y., Fukuoka S., Nagamine T., Kawase M. Development of mini core collection of Japanese rice landrace. Breeding Science 58: 281–291, 2008.

» Gupta, M., Chyi, Y-S., Romero-Severson J., Owen J. L. Amplification of DNA markers from evolutionarily diverse genomesusing single primers of simple-sequence repeats. Theor. Appl. Genet. 89, 998–1006,1994.

» Ishikawa R., Sato Y-I., Tang L. , Nakamura, I. Different maternal origins of Japanese lowland and upland rice populations. Theor. Appl. Genet. 104:976-980, 2002.

» Muto C., Tanaka K., Tabuchi H., Kurauchi N., Sato Y-I., Ishikawa R. Genetic diversity of preserved rice seed samples from the Mikawa area, Japan, stored in the Meiji era. Breed. Sci. 70:347-354, 2020.

» Suyama Y, Matsuki Y. MIG-seq: an effective PCR based method for genome-wide single-nucleotide polymorphism genotyping using the next generation sequencing platform. Scientific Reports 5: 16963, 2015.

» Tanaka K., Zhao C., Wang N., Kubota S., Kanehara M., Kamijo N., Ishikawa R., Tasaki H., Kanehara M., Liu B., Chen M., Nakamura S., Udatsu T., Wang C. Classification of archaic rice grains excavated at the Mojiaoshan site within the Liangzhu site complex reveals an Indica and Japonica chloroplast complex. Food Production, Processing and Nutrition 2 :15

» Tanaka, N., Shenton M., Kawahara Y., Kumagai M., Sakai H., Kanamori H., Yonemaru J-I., Fukuoka S., Sugimoto K., Ishimoto M., Wu J., Ebana K.. Investigation of the Genetic Diversity of a Rice Core Collection of Japanese Landraces using Whole-Genome Sequencing. Plant and Cell Physiology 61: 2087–2096. Plant and Cell Physiology 61: 2087–2096, 2020.

» Kuo W-H., Liu S-H., Chang C-C., Hsieh C-L, Li Y-H, Ito T., Won H., Kokubugata G., Chung K-F. Plastome phylogenomics of Allaeanthus, Broussonetia and Malaisia(Dorstenieae, Moraceae) and the origin of B. x kazinoki. J Plant Res . 135:203-220, 2022.

第 3 部

料紙から古文書を読む

3-1

松尾大社所蔵史料を読む

野村朋弘

1. はじめに

　松尾大社所蔵史料を読むにあたり、まずは松尾大社という古社の説明からはじめたい。松尾大社とは京都市の桂川西岸にある。京都の四条通の西端に位置する。最寄り駅の阪急線などでも「まつおたいしゃ」といわれているが、「まつのおたいしゃ」が正式な名称である。「洛西の総氏神」とも称され西京区から下京区にかけて広範囲の氏子圏を持つ。渡来系の氏神である秦氏に信仰され、平安京遷都より以前の大宝元年（701）に現在の地に社が建てられたとされる。賀茂神社と松尾社は京都のなかでも最も古い神社として「賀茂の厳神、松尾の猛神」と並び称されている。古代・中世期に成立した二十二社体制のなかでも伊勢神宮・石清水八幡宮、賀茂神社に続く格式のある神社である。

　神社祭祀は古代から続く日本の基層的な信仰の一つであり、延喜式の神名帳に記される神社をはじめとして多くの神社が日本国内には存在している。では、これらの神社史の研究はどうかといえば、特定の神社に関する調査・研究は進んでいるものの、全体的には停滞していると言わざるを得ない。遠因には明治維新期における上知令や世襲禁止★がある。前近代において神社の祭祀を掌る祠官の多くは一族の世襲によって維持・継承されていたが、明治期にそれら祠官の家は神社から離れていった。

　神社祭祀とそれを支える所領経営は、祠官によって運営されている。そのため神社本体が持つ史料の他祠官の家が持つ史料もあり、祠官が神社を離れ

ると同時に史料もまた散佚する危機が生じた。また上知令によって祭祀を支える所領の多くは召し上げられる。さらには明治期の神社統合もあり、神社が管理していた道祖社(どうそしゃ)などの祠は姿を消していく。また国家神道化が進められていくなかで、伊勢神宮を頂点とした祭祀が構築され、それぞれの神社で継承されてきた特殊神事はすべてを維持することが困難となった。

　戦前の国家神道が進められていた時期、それぞれの神社は社史編纂を進めていたが、公開せずに終えた事例も多々あり、さらには戦後になってから神社史そのものの研究が少なくなってしまう。しかし史料の散佚を免れた、ないしは収集に努める神社も多く存在する。その一つが松尾大社が所蔵している史料群である。ここではこの松尾大社の史料から見えてくるものをわずかばかりだが紹介したい。なお、松尾大社は昭和 25 年（1950）に松尾神社から社名を変更しているが、便宜上、本文では「松尾大社」で統一する。

▌2. 松尾大社所蔵の史料群について

　古くは嘉応 3 年（1171）の「池田荘立券文案(いけだのしょうりっけんもんあん)」をはじめ、平安・鎌倉・室町・戦国・江戸時代そして近代と豊富な史料を松尾大社は有している。

　松尾大社は祠官を秦氏が勤めていた。中世に至り東家(ひがしけ)・南家(みなみけ)などに分かれるものの、神社運営を担う神主・禰宜(ねぎ)・祝(ほうり)などをこれらの一族が担い続ける。神社祭祀つまりは神事や、それを支える所領経営などを行っていた。

　神事に関わるものでは年中行事や祈祷命令や祝詞など、所領に関わるものでは歴代幕府からの安堵や東寺をはじめとするほかの権門寺院との相論文(そうろん)書、叙任に関わるものでは東家を中心とした叙任に関わる口宣案(くぜんあん)や伯家御教書(はくけみぎょうしょ)など多彩である。

　松尾大社所蔵史料の現在の全体像の把握は、昭和になってから行われた。まず昭和 9 年（1934）に京都帝国大学の中村直勝(なかむらなおかつ)に宮司の鳥羽重節から依頼があり、2 年後に『松尾神社社蔵文書目録』が編まれた。弁言に「十幾年の昔、長屋基彦翁が当社の宮司を奉仕して居られたとき、縁ありて当社に参詣し、当社ならびに当社家東氏尚蔵(ひがしししょうぞう)の数百通の古文書を披見して以来、絶え

ず私の脳裏に去来する念願は、其等数千通の古文書を出版したいといふ事で
あった」とあり、大正年間において松尾大社では社蔵の史料のほか、社家で
あった東家の史料が分けられており、何らかの機会に東家所蔵の史料も閲覧
できたのであろう。この中村直勝が編んだ目録の総数は 1246 点であり、目
録末尾の跋において松尾大社社蔵の史料がこの 1246 点である旨、宮司の鳥
羽重節が示している。中村直勝が閲覧した東家尚蔵の文書とは、東家の分家
である唯一が所蔵していたものであろう。昭和 34 年（1959）に当時の宮司
である手塚道男の勧奨によって 552 点の史料が松尾大社に寄進された。こ
れは唯一の弟、晋が年代順に配列した上で、松尾大社へ送られたという。こ
のほか、新たに神社で発見されたものもあり、現在では 1859 点までが整理
されている。

　そして昭和 46 年（1971）に河田晴男宮司より神道史の梅田義彦に依頼が
なされ、昭和 51 年（1976）以降、『松尾大社史料集』として文書篇 7 巻、
典籍篇 3 巻、記録編 4 巻が吉川弘文館から刊行されている。史料集の凡例
に「収載文書は、原本成巻（整理番号附）の順に従って収録したもので、時
代的序列は甚だ前後してゐる」とある。中村直勝の目録においてもどのよう
な方針で整理がなされたものかは示されていない。

　1247 号からの旧東家文書は前述の通り松尾大社へ寄進される際に「年代
順に配列」されたとある。なお、旧東家文書については裏打ちの連券とされ
ているのみであり、おそらくは松尾大社に寄進がなされた後、裏打ちのみの
成巻がなされたようだ。

　松尾大社の所蔵史料については①本社にあったもの、②東家の分家から寄
進されたもの、③新出史料・購入史料があるものの、詳しい伝来・収集過程
は明らかにされていない。たとえば大正 12 年（1923）頃から編纂が始まっ
たといわれている「松尾神社誌稿」をみると第 14 章に「本誌編纂の資料」
とあり「松尾神社史料」も列挙されているが、その順は現在の整理番号でい
うと 1・2・3・4・5・9・10・6・7・8・11 などといささか異なる。もちろん、
編纂のための史料ということで社誌編纂における提示順の可能性も拭えない

が、編年でもなく、また冒頭からの史料の掲示順とも異なる。

　大正12年といえば中村直勝の目録編纂の直前であり、中村直勝の文書目録の編纂によって、ある程度の史料順の移動などがあった可能性も否めない。

　このほか、注目すべきは社家の分家にともない権利を示す文書が「写」され所有されていたようで、1859点のなかにも多くの写がある。社家の東家嫡流や複数ある分家が有していた史料がどのように伝来してきたのか、その詳細は不明である。また、松尾大社に関していえば、関連史料として現在は京都大学が所蔵している月読社（つきよみしゃ）の社家である松室家（まつむろけ）の史料や、一部は松尾大社が所蔵しているものの散佚してしまった西七条の御旅所（おたびしょ）が所蔵していた史料、また神人（じにん）の山田家の所蔵文書などもある。

　文字情報を正確に読み解くことは文献史学の鉄則だが、「一点の史料」、ひいては「史料群」からどれだけ情報を引き出すかを考えると、成巻のあり方や料紙の分析も欠かせない。

▎3. 松尾大社所蔵の史料から見えてくるもの

　目録順に史料をみていくと、気になる点がいくつか見えてくる。

　前述の通り整理番号は時代的序列とは大きく異なっている。

　そこで成巻がどれだけの通数でなされるか、100号までを目処にみてみよう。

　1号・2〜11号・12〜20号・21〜30号・31〜40号・41〜51号・52〜61号・62〜72号・73〜82号・83〜87号・88号・89〜97号・98〜103号。

　1号の「池田荘立券文案」は19枚にも及ぶ紙継（かみつぎ）を行っており、一巻で成巻させるのは当然だが、2号からはおおよそ10点を目安に成巻されている（**図1**）。

1号から51号までの巻子

　1号　外題（げだい）なし

　2〜11号・12〜20号・21〜30号　外題なし。表装は同一

　31〜40号　外題なし

図1　1号から51号までの巻子

41 ～ 51 号　外題なし

52 ～ 61 号　外題なし

62 ～ 72 号　外題なし

73 ～ 82 号　外題なし

　たとえば3号の「源頼朝書状」は二紙にわたって記されている史料で、三河国設楽荘、越中国松永荘、甲斐国志摩荘に関するもので松尾大社からの解状に対する返信だが、二紙目は不自然に裁断されいる。

　また20号の「足利尊氏御教書」は全体に墨色が着いている。東京大学史料編纂所修補室の高島晶彦の指摘によれば近世に古色を付けて軸装され、それを仕立て直したものではないかという（**図2**）。

　いま現在、松尾大社所蔵史料については、89 ～ 97 号、2 ～ 11 号、1 号と順に史料編纂所にて調査・修復が実施されているので、詳しくはまた調査された後の分析となるとなるが、少なくとも 2 ～ 11 号や 12 ～ 20 号といった

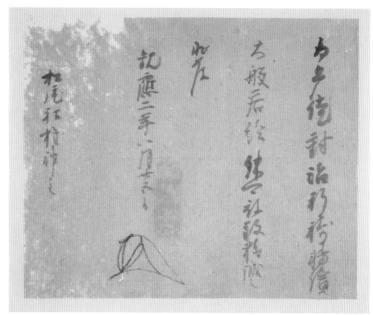

図2　20号「足利尊氏御教書」

若い整理番号の史料は、近現代になってから、それも大正から昭和初期か、昭和30年代になってから仕立て直されたものではないだろうか。

　次に文字情報で確認すると、6号の「六波羅施行状」は丹波国桑田荘の下司職について、社家の進止である旨が関東御教書が発給され、それにもとづいて施行状が出されたものだ。6号に記されている「関東御教書」について、実は年次と内容に沿う文書が92号として収められている。鎌倉幕府の命令については関東御教書が発給され、西国を管轄する六波羅探題が施行状を発給する。

　この流れを考えると、本来、重要視（若い整理番号を付す）すべきは6号ではなく92号になる。しかしながら現状ではそうはなっていない。

　次に83〜87号以降の巻子をみてみよう（図3）。

　それまでは巻子の題簽に表題などは記されていないが、224号までの分については、それぞれ表題が示されている。

図3　89〜169号までの巻子

83〜87号	題簽「五十四号・五十六号・五十七号・五十八号・六十号」
88号	題簽「六十六号　□禄年中〈前田安芸守・小出淡路守〉
	□尾御神領御改状」
89〜97号	題簽「天正寛喜貞和年間古文　第壹号」
98〜103号	題簽「先祖代々譲状七通　＜自証阿至相胤＞　第弐号」
104〜117号	題簽「御教書□□御奉書　第参号」
118〜122号	題簽「公方管領御奉書　第四号」
123〜128号	題簽「公方家管領御奉書　第五号」
148〜155号	題簽「大永至天文之頃書記類折紙等　東家蔵書　第拾号」
156〜158号	題簽「天文天正年中社中連判状　東家　第拾壱号」
184〜188号	題簽「氏神之神事正頭　　第拾四号」
189〜201号	題簽「元和年中書記継合　東家　第拾五号」
202〜214号	題簽「古折紙類　元和之頃　数通　東家　第拾六号」

215 〜 224 号　題簽「寛永慶安年中本願　東家　第拾七号」

　これらには昭和 34 年に寄進された史料ではなく、社家の嫡流が所持していた文書であり、近世に成巻されたものと考えられる。

　2021 年の松尾大社での史料調査の際、史料が保管されている蔵にも入ることを許され、整理されている史料群以外のものも閲覧する機会を得た。

　そのなかで発見したのが官幣大社松尾神社の罫紙に記された「松尾神社文書目録案」である。この内容の配列は中村直勝の文書目録と同一であり、おそらく中村氏本人か当時の祠官の方が記したものと考えられる（**図 4**）。

　そこで注目したいのが、1 〜 39・40 〜 59・55 〜 72 までは、それぞれ「長{なが}持古文書{もち}」とされており、史料整理の段階での文書の保管場所が記されている。

　また 89 号からの箇所では「松尾神社旧東家所蔵」が消され、「成巻文書」と記されていた。この目録をまとめていくなかで、現在の整理番号が付されたことがわかった。

　また料紙の調査・修理で明らかになったことも確認しよう。

　89 〜 97 号について文書名は次の通りである。

89 号　豊臣秀吉朱印状

90 号　織田信長朱印状

91 号　織田信孝御教書

92 号　関東御教書

93 号　足利直義御教書

94 号　足利尊氏寄進状

95 号　秦相言{はたすけこと}譲状

96 号　秦相廣{はたすけひろ}譲状

97 号　秦相光{はたすけみつ}・相房{すけふさ}譲状

　最後の 97 号の「秦相光・相房譲状」は天正 3 年（1575）のものである。相光は天文 11 年（1542）の遷宮を取り仕切った神主であり近世になると相

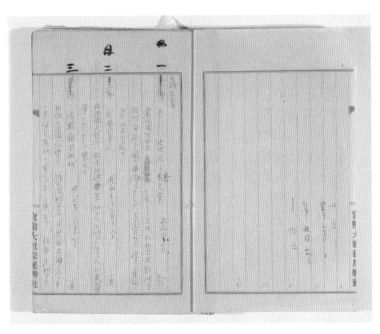

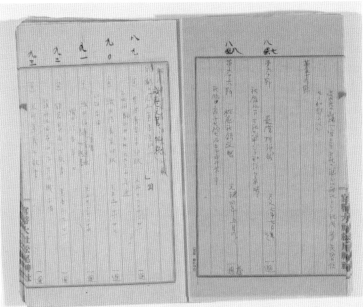

図 4 「松尾神社文書目録案」

房は東家を名乗る。譲状の宛先の「蔵人」とは秦相頼で、子孫は南家を称する。秦相光は江戸時代の東家と南家の祖ともなるべき人物である。

　高島晶彦の調査・修理の結果、95 〜 97 号は連券として成巻されていたが、後に 89 〜 94 号が加えられたのではないかという。祠官の秦氏の一族内相論を考える上で重要な情報といえよう。

▌ 4. おわりに

　以上、雑駁ながら松尾大社所蔵史料の料紙研究によって見えてきた点をわずかではあるが提示した。

　冒頭でも示した通り、明治期を迎え神社は社家の世襲禁止によって、祭祀や所領経営、叙任・補任といったさまざまな史料が散佚する危機を迎えた。幸いにして松尾大社は史料の収集に努めていたものの、近代の整理によって伝来が不明確になった点もある。

　これらの伝来経路を明らかにすることは、松尾大社史はもとより関連する白川伯家や幕府との関係性、さらには東寺などとの相論も明らかになる点が多々あるだろう。

　こうした伝来経路は、文字情報だけではなく料紙の調査・分析をしなければ明らかにできない。松尾大社ひいては神社史における史料群の調査・分析を今後も引き続き実施していきたい。

謝辞

本稿は東京大学史料編纂所一般共同研究(2019 〜 2020 年度「松尾大社所蔵史料の調査・研究」、2021 〜 2022 年度「松尾大社所蔵史料の研究資源化」) の成果であり、使用している図版は共同研究で撮影したものである。ここに謝して記し置く。

参考文献

» 岡田荘司『日本神道史』吉川弘文館、2010

» 東昌夫『秦氏族の研究』、2018

3-2

陽明文庫所蔵史料による
料紙研究の可能性

尾上陽介

1. はじめに

　平安時代以来、代々の摂政・関白を輩出した摂関家は、近代に至るまで政治権力の中枢にあり、文化面でも社会を牽引し続けた。そのため摂関家において作成・蒐集された史料には各時代の貴族社会における知識が膨大な故実として記録されてきた。摂関家の文庫には原典のみならず、関係諸家から提出させた写本や、抄出・部類といった作業により故実を体系的に整理した典籍が収められ、それらは各時代の政治・経済・社会・文化などを考える上で必要欠くべからざるものである。特に、五摂家の筆頭であった近衞家の史料群は摂関家文庫のなかで唯一、散逸することなくまとまって伝来しており、大規模史料群のなかでも極めて貴重なものである。

　現在、京都市の公益財団法人陽明文庫には、この近衞家伝来の奈良時代から近代にまで及ぶ十数万点の古文書・古記録・古典籍や茶道具・楽器・刀剣・人形その他什器などが護り伝えられており、それらは歴史学のみならず日本文学・日本文化といった領域においても研究の基盤となっている。

　これらの大部分を占めるのは紙に書かれたものであり、料紙研究という面からみても、唯一無二の大規模史料群と言えよう。本章では陽明文庫所蔵史料の概要と特徴について、料紙に注目しつつまとめてみたい。

2. 陽明文庫所蔵史料の概要

現在、陽明文庫所蔵史料は大別して以下のような複数の目録に著録された史料群から構成されている。

①近衛家記録十五函目録

いわゆる「十五函文書」と称される史料群で、平安中期から江戸前期までの古記録を中心とする最重要史料群（623点）である。近衛家第22代家久（1687〜1737）の手になるものまで含まれており、江戸時代中期には現状のような構成の史料群が形成されていたと考えられる。

第一函から第八函までには摂関家の祖、藤原師輔（908〜60）の『九暦』以下、近衛家第19代尚嗣（1622〜53）の『妙有真空院記』まで、歴代当主たちの日記原本・古写本が年代順に配列されている。なかでも、藤原道長（966〜1027）の『御堂関白記』はまとまって現存する最古の日記原本であり、ユネスコ「世界の記憶」として著名である。

続く第九函から第十三函までは摂関家に仕えていた貴族たちのまとまった日記で、第九函・第十函には藤原宗忠（1062〜1141）の『中右記』（「中御門右大臣」という宗忠の呼称にちなむ名称）古写本、第十一函・第十二函には平信範（1112〜87）の『兵範記』（兵部卿であったことによる名称で、諱の一部による「人車記」という別称もある）原本、第十三函には信範の先祖に当たる平親信らの日記『平記』古写本と、『勘例』（南北朝期成立）などの平安・鎌倉時代の朝儀の先例集、さらには近衛家領であった丹波国宮田荘の関係文書が、それぞれ収められている。

最後の第十四函・第十五函には平安〜江戸前期成立の雑多な古記録・古文書が収められており、これまでの函に漏れた当主日記の断簡のほか、当主自らが作成した朝儀の記録類、他家の日記などが中心となっている。

日記では、藤原実房（1147〜1225）・吉田経俊（1214〜76）・三条公忠（1324〜83）・三条西実隆（1455〜1537）・鷲尾隆康（1485〜1533）らの廷臣、入道尊鎮親王（1504〜50）・後陽成天皇（1571〜1617）らの皇族の

ものの原本が含まれている。

　朝儀の記録は摂関家当主に関係するものがほとんどで、特に近衞家第3代
家実（1179〜1242）が承久3年（1221）に摂政を辞す上表を行った際に提
出した文書の控えや勅答、関係文書の原本がそのまま残されているなど、極
めて貴重である。

　以上のほか、十五函相当として近衞家初代基実の祖父藤原忠実（1078〜
1162）の日記『殿暦』古写本がある。十五函文書全体の詳細については尾
上陽介「翻刻『近衞家記録十五函目録』（昭和十五年四月）」（田島公編『禁裏・
公家文庫研究』第4輯所収、思文閣出版、2012年）を参照されたい。

②一般文書目録

　先の①が中世以前の古記録を中心とするのに対し、古代から近代に至るま
での古文書・古記録全般にわたる史料群で、多くは戦国時代以降、近世・近
代のものである。

　関東大震災の後、近衞文麿から京都帝国大学図書館に寄託された98,000
点余りの史料群で、同館の山鹿誠之助司書官、井川定慶・藤直幹嘱託らの尽
力により昭和6年までに一応の整理が行われた（京都大学附属図書館編・刊
『京都大学附属図書館六十年史』197頁「近衞文庫」項、1961年）。昭和15
年の陽明文庫第二書庫建立後には寄託解除となり、近衞家に返還されてそこ
に収蔵されている。

　各史料には1から98618までの史料番号を記したラベルが断簡零墨に至
るまで貼付されており、京都帝国大学による整理は大変な作業量であったと
想像される。その一方、膨大な史料群の全体をまず内容や形態で揃えてから
目録作成に着手することは現実的ではなく、寄託を受け入れ次第、端から機
械的に番号を振っていったものと想像される。

　その結果、たとえば同一人物の書状が桁違いの番号となっていたり、巻子
の次に小紙片があったりする。そのため単に番号順ではなく、「第一門　家
門　付諸家」「第二門　皇室」「第三門　書状」「第四門　公事、儀式」「第五

門　日記、記録、古文書写」「第六門　神祇」「第七門　仏教」「第八門　歴史」「第九門　教育、学校」「第十門　地理、交通、産業」「第十一門　外交、外国」「第十二門　文学」「第十三門　有職故実」「第十四門　書画」「第十五門　歳時、度量衡、銭貨」「第十六門　芸能」「第十七門　医薬、鍼灸、医師、温泉」「第十八門　目録」「第十九門　漢文、儒学、漢籍、道教」「第二十門　戦乱、災厄、吉凶」「第二十一門　器物」「第二十二門　上包、反故」「番外（細目「品物、新聞、雑誌」）」の23部門の内容別に分類して運用されている。これら各部門の細目については、名和修「陽明文庫の沿革」（田島公編『近衞家名宝からたどる宮廷文化史』笠間書院、2016年）を参照されたい。

　なお、中世以前の古文書・古記録、古写経断簡、古今伝授切紙や、歴代天皇の宸翰★、中和門院近衞前子（近衞家第16代前久女、後陽成天皇女御、1575 〜 1630）・伊達政宗（1567 〜 1636）・沢庵宗彭（1573 〜 1645）・一糸文守（1608 〜 46）・新井白石（1657 〜 1725）ら近衞家と関係の深い重要人物の書状など約1,700点については、陽明文庫において特に貴重なものとして第一書庫に別置されている。

③陽明文庫典籍目録甲号

　昭和15年に京都帝国大学が作成した目録に著録された近衞家寄託図書・附属文書の史料群2,833点で、「近衞家関係」「儀式典礼」「日記」「禁秘抄、年中行事、服飾」「皇年代略記、系図」「家伝類」「法政」「国史」「幕末」「武芸、諸芸道」「和歌、連歌」「物語」「和文集」「漢詩集」「国語学、音韻」「往来」「漢籍」「神仏典」「社寺縁起」「地誌、地図」「博物、科学」「目録」「武芸、一覧」「文書」「其他」の25部門に分けて整理されている。

　大部分は近世・近代の新写本や刊本で、点数は少ないが中世の古写本も含まれている。近衞家に伝来した典籍のうち、近衞篤麿（1863 〜 1904）が院長であった学習院大学に寄託されていた史料群が、後に京都帝国大学に改めて寄託されていたものと思われ、②の一般文書目録と同じく近衞家に返還されて第二書庫に収蔵された。

また、甲号補遺として 109 点の歌書を整理した目録が公開されている（陽明叢書国書篇第六輯『中世和歌集』附録『陽明叢書国書篇月報』13、思文閣出版、1978 年）。

④陽明文庫典籍目録乙号

明治 33 年・大正 5 年の二度（前掲『京都大学附属図書館六十年史』）にわたり京都帝国大学図書館に寄託された史料群が中心となっていると思われるもの約 2,000 点で、近世の刊本が多く、③と比べると漢籍が目立つ。書名のアイウエオ順に整理されている。

②・③と同じく寄託が解除された際、漢籍を中心に 211 点が京都帝国大学に寄贈され、現在も「近衛文庫」として公開されている。

⑤その他

以上の主要目録のほか、「続歴代日記目録」「十五函相当記録文書目録」「佳品目録」といった目録に著録された史料群が存在する。

「続歴代日記目録」は十五函文書に続く歴代当主や家司の日記 456 点からなり、近衛家第 20 代基熈（もとひろ）（1648 ～ 1722）の『応円満院記（おうえんまんいんき）（基熈公記とも）』以降、明治期の篤麿までの原本が含まれている。

「十五函相当記録文書目録」は文字通り①に相当する貴重な史料とされたもので、「歴代日記佚出（いっしゅつ）」「朝儀次第」「古日記」「雑記」「写経」「短冊」「懐紙」「書蹟」「雑（写真、反古等）」「官位次第」に分けて著録されている。近世の歴代当主とその夫人の手になる原本や、近衛家に仕える家司の日記が中心の史料群 472 点である。

「佳品目録」は特に貴重な宝物 451 点をまとめて著録したもので、「詩歌」「消息」「書蹟」「典籍」「絵画」「什宝」に分けて、軸装された天皇・歴代当主らの貴重懐紙・書状・書蹟、貴重典籍・絵画、手鑑、錦織・工芸・刀剣・カルタなどからなり、指定文化財を多く含んでいる。

このほか、どの目録にも記載されていない無番号のものが存在しており、

約500点に及ぶ孝明天皇宸翰や、基熈夫人常子内親王の日記『无上法院殿御日記』原本、江戸時代を通して近衞家家司が書き続けた多様な業務日記類など、史料的価値の高いものが無番号のまま存在している。

3. 料紙研究の可能性

　前節で見たように近衞家伝来の陽明文庫所蔵史料は古代から近代の長期間に及び、特に古記録・古文書の史料群では同じ性質のものであっても実に多様な料紙が用いられていることがうかがえる。

　①の古記録原本の料紙では、近衞家第9代道嗣（1332 ~ 87）の『後深心院関白記』までは具注暦が中心であり、特に鎌倉前期の暦は間空き（記事を書き込むためのスペース）が5行もある贅沢なもので、私が知る限り最高級の打紙★に鮮やかな墨色で暦注が記されている。それが南北朝期になると間空きが2行に減り、紙質も薄くなっている。

　摂関家当主の日記原本が代々にわたって現存するとともに、他家の人物の日記原本も併存しているので、時代による、あるいは家による原本料紙の違いを比較検討することが可能である。

　先述の通り②には断簡零墨が数多く残されており、そのなかに治安元年（1021）9月30日から10月13日までの具注暦断簡がある（**図1**）。現在伝わっている道長の日記の最後の部分はこの年の9月5日条で、残念ながら古写本で伝わっている部分であるが、前年の寛仁4年に道長は同様の間空きのある具注暦に記事を書いていることから、この断簡が『御堂関白記』原本の一部であった可能性が考えられる。今後さらに紙質の分析が進めば、新たな知見を得ることが期待できよう。

　たとえば、近衞家第17代信尹（1565 ~ 1614）は文禄3年（1594）勅勘により薩摩に流されるが、その前後の時期の日記の料紙には塵など不純物が多い非常に薄手の粗末な楮紙が使用されている（**図2**、近衞通隆・名和修・橋本政宣校訂『史料纂集　三藐院記』解題3参照〈名和修文庫長執筆、続群書類従完成会、1975年〉）。在国中、信尹は日記以外にも同じ紙を使用して

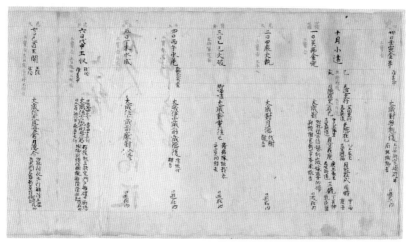

図1　治安元年具注暦断簡（陽明文庫所蔵）

図2　『三藐院記』文禄3年8月記（陽明文庫所蔵）

おり、この粗末な紙は都から携帯したものと思われる。摂関家の当主が使用
する紙としては異例のもので、当時の彼をとりまく状況を考えるとまことに
興味深い。

　一方、古文書は②の「第三門　書状」の部分だけでも中世から近代まで
10,500点余り存在し、古記録と同様、いろいろな角度から料紙の比較検討
が可能である。近衛家関係者が書状をやりとりした相手は家族をはじめ、天

159

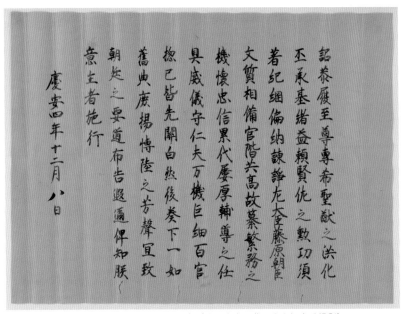

図3　慶安4年12月8日詔書（陽明文庫所蔵、名和知彦氏撮影）

皇・皇族や廷臣、将軍や戦国大名など全国の武士、僧侶や歌人・連歌師など幅広く、時期も平安中期から近代にまで至っている。手紙のなかには染色や文様のある料紙など意匠をこらしたものもあれば、文字の書き方、料紙の折り方や封式が独特のものも目に付く。なお、「第三門　書状」のうち明治期以前を中心とする史料画像については陽明文庫 HP の「陽明文庫デジタルアーカイブ」から公開を進めているので、参照されたい（付記参照）。

　また、天皇の命令を伝える詔書や宣旨などの公式様文書の現物が多く残されている点も貴重である。先述の通り①には鎌倉前期の当主家実に関する文書がまとまって含まれており、②には慶安4年（1651）12月8日に近衛尚嗣を関白に任命した際の後光明天皇の詔書原本（**図3**）など、近世歴代当主の文書が存在している。

4. おわりに

　陽明文庫には千年以上に及ぶ期間で、使用された時代や地域、目的や用途、使用した人びとの階級や属性が異なる多様な紙が残されており、原本調査にもとづく紙質データの採取や料紙分析による研究成果が生み出されつつある（参考文献参照）。今後、さらに研究が進むことにより、貴族社会における用途に応じた料紙のあり方を古代から近世に至る極めて長い期間のなかで位置づけることが可能となろう。

付記

　図1・図2は2012～16年度科学研究費補助金（基盤研究（S））「日本目録学の基盤確立と古典学研究支援ツールの拡充―天皇家・公家文庫を中心に―」（研究代表者田島公）の成果による。

　「陽明文庫デジタルアーカイブ」の URL は http://ymbk.sakura.ne.jp/ymbkda/index.htm。上記及び2017～21年度科学研究費補助金（基盤研究（A））「摂関家伝来史料群の研究資源化と伝統的公家文化の総合的研究」（研究代表者尾上陽介）の成果による。

参考文献

» 高島晶彦・名和知彦「室町時代の引合紙について―陽明文庫所蔵『後法興院関白記』『雑事要録』の紙背文書を事例に―」『古文書研究』88、2019

» 渋谷綾子・高島晶彦・天野真志・野村朋弘・山田太造・畑山周平・小瀬玄士・尾上陽介「古文書料紙の科学研究―陽明文庫所蔵史料および都城島津家伝来史料を例として―」『東京大学史料編纂所研究紀要』32、2022

3-3

マイクロスコープで「読む」

渋谷綾子

1. マイクロスコープを知る

　自然科学分析で用いる主要な機材として、顕微鏡とマイクロスコープがある。顕微鏡は、対物レンズと接眼レンズという二つの凸レンズを用いて、肉眼では見えない微少な物体を拡大し観察する装置である。研究で用いられる顕微鏡は、観察対象（試料）に可視光や紫外光★などを当てて観察するため、光学顕微鏡と呼ばれる[1]。一般的に利用されているものは、生物顕微鏡またはその構造に応じて正立/倒立顕微鏡と呼ばれ、倍率は数十倍から1500倍程度を指す。生物顕微鏡は代表的な顕微鏡であり、観察対象をスライスした後、プレパラートに固定してスライド上で観察する。倍率は 50 ～ 1500 倍程度である。双眼実体顕微鏡は、昆虫や鉱物など観察対象をスライスすることなく、実物のまま観察することができる。倍率は 10 ～ 50 倍程度である。双眼タイプのため、対象物を立体的に観ることができる。正立顕微鏡は観察対象を上から観察する装置であり、プレパラートに載せて観察する場合に使用する。倒立顕微鏡は観察対象を下から観察する。シャーレ内の培養液に浸けた細胞などの観察に用いられる。観察の現場では通常、数倍程度の拡大観察は虫眼鏡やルーペ等の拡大鏡を使用し、10 ～ 50 倍では双眼実体顕微鏡、50 ～ 1500 倍までは正立/倒立顕微鏡を使用する。

　一方、マイクロスコープは対物レンズのみの装置である。焦点深度（レンズのピントが合って見える範囲）が深く、角度や長さを計測する機能をもつ。光学顕微鏡の接眼レンズに相当する部分がデジタルカメラとなり、観察対象

をモニターに映す。料紙の分析ではこのマイクロスコープが使用されている。

　顕微鏡やマイクロスコープは各メーカーからさまざまな機種が販売されており、観察する対象物や目的に沿って最適な倍率と分解能（細部を識別する性能）をもつ機種を選定する必要がある。どちらの機材も用途や性能によって値段が異なる。マイクロスコープについては、倍率や視野範囲の狭いものは1万円前後から取り扱いがあり、予算や用途にあわせて選ぶ必要がある（渋谷・横田 2022）。本章では、私たちの研究方法を例として、料紙研究における機材の選び方、分析基準や撮影・記録の方法、マイクロスコープで何がわかるのか、という三つのポイントから解説する。

▌2. マイクロスコープを選ぶ

（1）用途に応じた選び方

　既存の料紙調査では、繊維素材の識別、填料や糊痕跡の有無の確認のため、100倍のマイクロスコープを使用することが多い（たとえば高島 2017, 2020; 本多 2017）。400倍以上の高倍率の機器は一部を除いてあまり使われていない。ただし、填料の同定、特にデンプン粒の植物種や鉱物の同定、柔細胞・細胞組織等の詳細な識別、それぞれの計測を行うためには、400倍以上の視野条件での観察が望ましい。私は、以下の Dino-Lite シリーズ3種類の倍率可変式マイクロスコープ（**図1**）とバックライトを組み合わせて、対象史料に合わせて使い分けている。

① Dino-Lite Edge S FLC Polarizer（偏光）

　Dino-Lite シリーズ用精密スタンド RK10（静電防止仕様）と合わせた Dino-Lite R & D（研究開発）セットで使用している。スタンドと合わせて約15万円で購入した。このマイクロスコープは約10〜220倍での観察に対応することができ、私たちの調査では最大限の220倍に固定して使用している。内部にポラライザー（偏光フィルター）が入っており、透過光では試料の偏光および複屈折特性を観察することができる。この機器は透過光・反射光での撮影が可能である。対象史料の現況によっては、たとえば巻子や

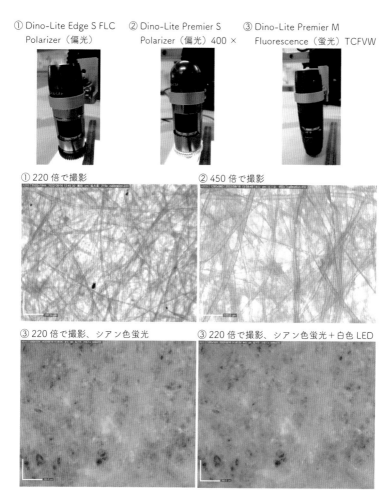

図1　使用しているデジタルマイクロスコープ3種類と撮影画像
撮影画像は同じ楮紙サンプル（米粉入り）の同じ箇所で撮影

裏打ちが厚いものなど、透過光での観察・撮影が難しいものもある。その場合は反射光で調査を行うことが可能である。

　填料のデンプン粒は、本書第2部で解説しているように、偏光で観察すると、粒芯の中央部、形成核（ヘソともいう）の位置に、デンプン粒特有の複屈折に伴う十字状の暗線（偏光十字）が観られる。この暗線は細胞組織や鉱物などの物質には確認されない、デンプン粒特有の特徴である。マイクロス

165

コープのポラライザーと直交方向になるように、バックライトにも偏光フィルターを装着すると、料紙の構成物の詳細を識別することができる。

② Dino-Lite Premier S Polarizer（偏光）400 ×

　400 〜 470 倍での観察が可能であり、①と同じく偏光機能を搭載している。この機器も透過光・反射光での観察・撮影が可能である。購入当時の金額は約 9 万円である。

　本機は高倍率のため、①よりもレンズの可動範囲は非常に狭く、①と同じ対象物の同じ箇所で観察を行う場合、被写界深度（ピントが合って見える範囲）が大きく異なる。私たちの調査では 450 倍で固定し、①の 220 倍で観察・撮影した後、デンプン粒や鉱物などの特徴的な物質を対象として本機を使用している。マイクロスコープも顕微鏡も、一般的に、倍率が高くなると計測誤差が生じやすくなる。さらに、本機については、機器の限界倍率 470 倍に設定すると、調査室内の微風や観察台の細かな振動などに影響され、倍率目盛りが 460 〜 469 倍というやや低い方へずれてしまうことがわかった。450 倍での観察・撮影に統一し、可能な限り誤差の発生を抑えている。

③ Dino-Lite Premier M Fluorescence（蛍光）TCFVW

　20 〜 220 倍での観察が可能である。購入当時の金額は約 8.5 万円である。標本サンプルを染色なしで観察できる本機は、シアン色蛍光の観察・撮影ができ、白色 LED 照明を利用すれば、外光に頼らず同じ状態での撮影が可能である。私たちの調査では、①と同じ 220 倍に設定して同じ視野条件のもとで、料紙内の細胞組織や柔細胞、繊維、鉱物の構造成分を発光させ、物質の識別を行っている。

　Dino-Lite にはこれら 3 種類以外に、解像度や出力先、偏光フィルターなどの機能の異なる多様なラインナップがあり、いずれも軽量可搬型である。考古学や文化財科学の調査・研究でもしばしば使用されており、料紙分析以外の調査、たとえば遺跡出土の人骨や動物骨、石器の観察などにも対応できる汎用性の高さから、私たちは上述の 3 種類を導入した。マイクロスコープや顕微鏡は、各自の用途や予算にあわせて選定いただきたい。

（2）キャリブレーション（較正^{こうせい}）

　キャリブレーションとは、計測装置の示す値が正しいかどうか、基準となる標準器や標準試料を使って比較し、その誤差（差異）を修正する作業である。マイクロスコープや顕微鏡は、USB 接続でパソコン（PC）と接続して使用する（マイクロ・スクェア社 2021）。これらの機器が示すサイズを、PC 画面で正確に、かつ安定して再現させることによって、対象物の正確な寸法を計測することができる。

　機器の設定で最初に行う作業は、対物ミクロメーター[2] を PC に映し出し、そのメモリの 2 点間をマウスで指定、距離を PC に入力することである。これにより、PC 画面上に映し出された対象物の長さを、2 点の距離を基準にして測定することになる（渋谷・横田 2022; マイクロ・スクェア社 2021）。**図 2** には、対物ミクロメーターと 220 倍で撮影した画像、キャリブレーショ

対物ミクロメーター　　　　　　　　　　　中央のメモリを拡大

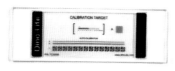 

220 倍で撮影したミクロメーター（矢印の長さは 1mm ＝ 1000 μm）

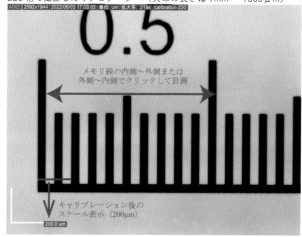

図 2　対物ミクロメーターとキャリブレーション時のメモリ線の計測方法

ン時の計測方法を示している。

　使用するマイクロスコープ・顕微鏡、計測ソフトの仕様によるが、計測精度を高めるコツは主に下記の二つである。すなわち、キャリブレーション時に測定する線の長さは 1mm 以内、あるいは 0.5mm 等の 1mm よりも短めにして行うこと、メモリの刻み線には印字の厚みがあるため、線の内側〜外側または外側〜内側で計測することである（マイクロ・スクェア社 2021）。実際の対象物を計測する際の手順については、機器や計測ソフト自体の解説書を参考にしてほしい。

3. マイクロスコープで観察・撮影する

（1）分析項目と識別基準、撮影項目

　史料調査の現場で対象とする料紙の特徴を見極めることは、分析の方針を決めるために重要な作業である。歴史学、古文書学、文化財科学、植物学など分野によって着目する要素や分析手法は異なる。分析を行う際、まず初めにこの分析で何を解明したいのかを考えることが必要である。特に、各調査者の感覚に左右され、自分の仮説に都合の良い利用につながるような、相対的（主観的）な分析項目や識別基準は避けるべきである。分析結果の再現性や客観性が確保される分析プロセスの確立、数値のデータ化が可能な分析項目・基準の設定、および研究チーム内での調査方法の統一[3]は、オープンサイエンスの時代における、これからの古文書料紙研究のあり方であると考える（Shibutani 2022; 渋谷ほか 2021）。

　下記の基本項目は、先行研究で蓄積されてきた計測数値にもとづき、料紙の構成物の種類の特定と量・密度の計測を実施し、植物学的特徴とあわせて記述するためのものである。具体的には、各所蔵機関での資料番号や資料名、コレクション名、資料の作成年月日や点数など資料の基本情報とともに、顕微鏡撮影画像について、撮影倍率や撮影箇所等の記述情報、料紙の構成物の種類・量・密度、同定結果を項目とし、あわせて植物学的特徴にもとづく構成物の識別基準を設定した。次に、構成物のうち、填料（料紙の製造過程で

添加される物質）がどの時期の料紙に含有されるようになるのか、料紙の製法における時期的な変化を検討するため、填料に由来するデンプン粒と鉱物に焦点を当て、デンプン粒の植物種の同定結果、鉱物の含有量、糊痕跡の有無を項目に設けた（渋谷ほか 2021）。

①史料の基本情報

　各所蔵機関での資料番号や資料名、コレクション名、史料の作成年月日（史料の本文からわかる場合のみ）、史料点数、料紙の繊維素材（コウゾ、ガンピ、ミツマタ、タケ、宿紙4)などの分類）、料紙の形態情報（現状長、現状幅、重量、厚さの計測結果）。

②マイクロスコープ・顕微鏡撮影の情報

　撮影倍率や撮影箇所、撮影光（反射光／透過光／蛍光）、偏光ポラライザー★使用の有無。

③構成物の情報

　同定結果の概要、デンプン粒の有無と植物種（イネ／イネ科穀類／トロロアオイ／ノリウツギ／ほか）、ほかの植物性物質（細胞組織の断片や柔細胞、繊維の断片などの分類）、鉱物や塵など植物以外の物質、糊痕跡の有無と糊痕跡のある場合は残留状態の概略など。

（2）撮影手順と数値による記録

　マイクロスコープでの観察・撮影時は、文字の有無を問わず、料紙の大きさにあわせて一紙につき数カ所を選択し撮影する。このとき、一紙の上下左右からの位置情報として数値による撮影箇所の記録を行っている。この複数箇所を選択して観察・分析する方法は、考古資料に対する残存デンプン粒分析で実施されている手法を応用したものである。料紙のどの箇所にどれぐらいの量の構成物が存在するのかを点的に表示することができ、撮影位置の数値記録により再現性を担保する。一紙の単位面積（裏打ちや装丁のある場合）または単位体積（裏打ちや装丁が施されていない場合）当たりの構成物の密度を算出すれば、史料の特徴の比較が可能となるため、定点的な調査は行っ

ていない。

さらに、コウゾ・ガンピ・ミツマタなどの料紙の素材と史料の現況にあわせて透過光または反射光、構成物の種類にあわせて偏光ポラライザーを用いる。偏光ポラライザーを用いる理由は、本書第2部や本章2（1）で述べたように、填料の米粉に由来するイネのデンプン粒、ネリ[★]に由来するトロロアオイのデンプン粒、そのほかの植物性物質、鉱物などを識別するためである。

以上の撮影方法を示したものが**図3**である。その方法で本書第2部、本章の画像を撮影した。

（1）料紙のサイズにあわせて一紙4〜6箇所を撮影（一紙の縦横で記録する）

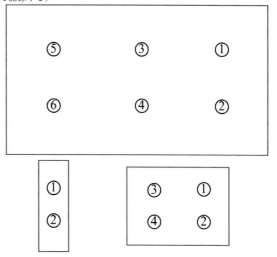

（2）撮影箇所の数値による記録

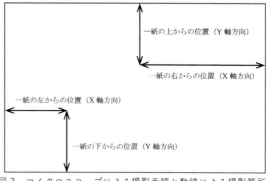

図3　マイクロスコープによる撮影手順と数値による撮影箇所の記録

■ 4. マイクロスコープでわかる

古文書料紙の科学研究では、マイクロスコープや顕微鏡で撮影した画像などのデジタル画像や分析項目の記述などの情報が大量に生成される。史料自体の情報とあわせて「見える化」すれば、多様な研究データを共有すること

ができ、史料の性質にあわせた修理や長期保存の方法の創出につながる。マイクロスコープを用いた料紙の分析でどのようなことがわかるのか、実際の報告事例から紹介する。

　私たちがこれまで行ってきた調査のうち、松尾大社所蔵史料（渋谷ほか2021）ならびに公益財団法人陽明文庫所蔵史料（渋谷ほか2022）の調査では、料紙の構成物の種類の特定と量・密度の解析を行った。研究成果の詳細は各論文を参照いただきたいが、抄紙過程で添加された填料の米粉に由来するイネのデンプン粒、およびネリに由来するトロロアオイのデンプン粒の比較結果、細胞組織・柔細胞・繊維の含有状況、単位面積あたりの量（面密度）をそれぞれ調べた。結果として、それぞれの料紙の構造がどのようなものかわかってきた。料紙研究の公開性と透明性を支え、各種データのアクセシビリティを向上するため、統計解析環境RとR言語で使用できるグラフ描画用パッケージのggplot2を用いて、松尾大社・陽明文庫の所蔵史料の料紙分析で得られた各種データの分布と構造の可視化を行った[5]）。

（1）松尾大社所蔵史料の料紙分析

　松尾大社は京都市西京区嵐山宮町に鎮座する。賀茂別雷神社とともに平安京遷都以前からの歴史をもち、『延喜式』神名帳に掲載される。松尾大社の社家には、秦氏の後裔である東家・南家がおり、近世になると多く分かれた（松尾大社2007）。明治維新後，明治3年神祇官より非蔵人・諸官人などの社家が兼務することが禁じられ、明治4年に明治政府によって神職の世襲が廃止されるなど、社寺に対するさまざまな改革によって管理体制が変化するなか（今西ほか2011）、東家と南家は神職から去ることとなった。その結果、松尾大社の史料の一部は散逸するが再収集が進められ、現在は約2000点の史料が所蔵されている（野村2020; 森岡2003）。現在の松尾大社所蔵史料は、中村直勝『松尾神社社蔵文書目録』（刊本1号〜1246号）（松尾神社1936）、棚橋信文・佐藤直市『松尾大社社蔵文書追加目録』（刊本1247号〜1802号）（1959）の文書目録の順に沿って番号が付されており、前半は成巻され、後

半は裏打ちのみである（野村 2020）。松尾大社所蔵史料の詳細は、本書第3部の野村原稿で取り上げているので、そちらを参照願いたい。

　既述の報告（渋谷ほか 2021）では、鎌倉時代から江戸時代後期の史料63点の分析を行った。分析の結果、構成物のなかで最も多く見られた物質は細胞組織の微細な断片や柔細胞であり、次いでデンプン粒、繊維、鉱物であった。製紙過程や装丁・修復過程で付着したと思われる塵も一部で確認されたが、ネリに用いられたノリウツギの針状結晶や胡粉の粒状物質は、分析対象の史料には見られなかった。これらの物質の含有量は調査史料の撮影箇所における総計であり、料紙全体の含有量を示しているわけではない。デンプン粒については、イネのデンプン粒が最も多く含まれ、種不明、トロロアオイのデンプン粒も見られた。糊の痕跡を示すような、熱を受けて糖化したデンプン粒[6]は見られなかった。松尾大社所蔵史料の料紙に含まれたデンプン粒の特徴として、イネ、トロロアオイ、種不明のいずれも現生標本より粒径の分散が大きいことがわかった（図4（1））。

（2）陽明文庫所蔵史料の料紙分析

　京都市の西北に所在する公益財団法人陽明文庫は、旧公爵近衛家で長年にわたって伝襲されてきた大量の古文書・古典籍、古美術工芸品を一括して保存管理する歴史資料館で、国宝8件、重要文化財60件などの指定文化財を含む奈良・平安時代以降、幕末、明治・大正・昭和までの、10数万点以上の資料がおさめられている（名和 2016）。陽明文庫での各種調査研究については、1976年から国文学研究資料館による調査・マイクロ撮影が行われ、科学研究費補助金学術創成研究プロジェクトなど複数のプロジェクトによって、全収蔵目録のデジタル化、『御堂関白記』など歴代関白記のデジタル映像データ化などが実施されてきている。また、陽明文庫所蔵の文書類は、一部を除き一般文書目録に記載されて5桁の史料番号が付与され、公式ウェブサイト[7]では、所蔵史料の一部に関する画像データが「陽明文庫デジタルアーカイブ」として公開されている。陽明文庫所蔵史料の詳細は、本書第3部の

尾上原稿で取り上げているので、そちらを参照願いたい。

　既述の報告（渋谷ほか2022）では史料112点の分析を行った。内訳は、「伊達政宗書状」など伊達政宗（1567〜1636）に関係する史料32点、「近衛稙家書状」など近衛稙家（近衛家15代、1503〜1566）に関係する史料23点、「近衛前久書状」など近衛前久（近衛家16代、1536〜1612）に関係する史料21点、「近衛信尹書状」など近衛信尹（近衛家17代、1565〜1614）に関係する史料25点、そのほかとして「寛文五年応円満院御記」など11点である。これらの史料をすべて分析した結果、細胞組織や柔細胞はほぼすべての料紙に見られ、デンプン粒は24点の料紙、鉱物は27点の料紙に見られた。デンプン粒はイネが10点、トロロアオイが15点、種不明が1点の料紙において確認された。鉱物について、炭酸カルシウムやカオリンは確認することができなかったが、長石と思われる鉱物が識別できた。一部の料紙では製紙過程や修復時に付着したと思われる塵も見られた。

　構成物のうちデンプン粒については（図4（2））、近衛信尹・近衛前久・伊達政宗発給文書のいずれにおいても、イネのデンプン粒の粒径は現生標本と同じ粒径範囲に集中し、明瞭な形態学的差異はほぼなかった。近衛前久発給文書では標準偏差がやや大きいが、全体としてそれほど大きな分散は見られなかった。トロロアオイのデンプン粒については、近衛信尹・近衛前久・伊達政宗の文書それぞれで粒径の分散が大きく、近衛信尹発給文書では顕著に大きかった。

　陽明文庫所蔵史料についてはさらに、単位面積あたりの構成物量である面密度を算出し、統計解析ソフトRを用いて解析を行い、史料グループ（発給文書）ごとの特徴を検討した（図4（3））。そのほか（ガンピ）と伊達政宗発給文書（ガンピ）のどちらも標本数が各1点と少ないため、史料グループの特徴につながる差異は見られなかったが、近衛稙家発給文書については、素材のコウゾとガンピは面密度の差異があり、コウゾは面密度が大きく、ガンピはやや小さかった。コウゾを素材とする近衛稙家発給文書、近衛前久発給文書、近衛信尹発給文書、伊達政宗発給文書については、面密度に大きな

（1）松尾大社所蔵史料 63 点の料紙に含有されたデンプン粒と現生デンプン粒標本の粒径比較図（黒丸は平均値、線は標準偏差）

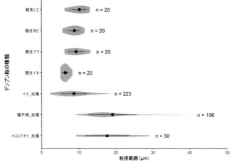

（2）陽明文庫所蔵史料 24 点の料紙に含有されたデンプン粒と現生デンプン粒標本の粒径比較図（黒丸は平均値、線は標準偏差）

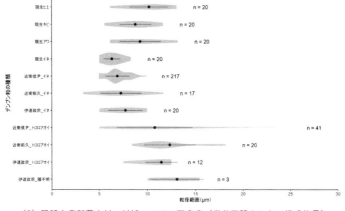

（3）陽明文庫所蔵史料の料紙における面密度（単位面積あたりの構成物量）

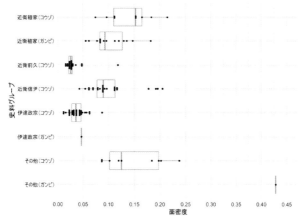

図 4　料紙内のデンプン粒と料紙の単位面積あたりの構成物量（面密度）

差異が見られた。近衛信尹発給文書では分散はあるものの、面密度は 0.15
よりも小さい範囲に集中する。近衛稙家発給文書は面密度の分散が最も大き
く、0.10 ～ 0.15 超の範囲のものが多かった。0.20 を超える料紙も存在した。
近衛前久と伊達政宗の発給文書については、どちらも面密度が 0.05 以下の
範囲に集中した。

　全体の結果として、近衛前久と伊達政宗の発給文書において料紙の性質が
類似していることがわかった。この料紙の類似性（共通性）は、時期の特徴
を示している可能性と、発給者である伊達政宗が公家文書の料紙と同じ製法
の料紙を選択したという可能性の 2 通りを考えることができる。詳細な検討
を行う必要があるため、報告（渋谷ほか 2022）では可能性の提示にとどめ、
再検討を進めている。

5. まとめ

　料紙の科学分析については研究成果の膨大な蓄積事例が存在する。しかし、
分析に用いるマイクロスコープや顕微鏡をどのように選び、使用し、何を明
らかにできるのか、基本情報をまとめて示した文献はなく、それぞれの研究
論文や報告書における一部の記載にとどまっている。料紙の調査研究を行う
すべての人が自然科学的な知識をもち、機器や設備の使用に慣れているわけ
ではない。そのため、調査で獲得される自然科学的なデータは不十分となり、
分析結果やそこから導かれる解釈に大きく影響を与えてしまう。史料の状態
によっては調査後に修理が行われ、失われてしまう情報もあるだろう。さら
に、従来の研究では、調査者によってデータの取得方法や対象とするデータ
項目が異なり、客観性の不足が指摘されてきた。蓄積されてきた多種多様な
研究データへのアクセスも限定され、近年の研究データのオープンサイエン
ス化への要望に十分対応できているとは言えない。

　本章がこれらの課題のすべてを網羅し解説しているわけではないが、マイ
クロスコープなどの分析機器や設備を使うことのない・少ない人が、料紙の
科学分析を試みるにあたり、どのような機材を選び、どう使用すればよいの

か、マイクロスコープの特徴、ならびにマイクロスコープによって料紙の何がどのようにわかるのかについて記述した。史料の状態や調査の目的、経費や期間など、料紙の調査に関わる諸条件はそれぞれ異なるが、ここに記した内容が参考となれば幸いである。

1　一般に顕微鏡といえば、光学顕微鏡を指す。ほかに電子顕微鏡や走査型プローブ顕微鏡などがある。顕微鏡の主な種類については、キーエンス社による「顕微鏡入門ガイド」< https://www.keyence.co.jp/ss/products/microscope/beginner/ >（2022年8月4日アクセス）に基本的な用語などが掲載されており、そちらを参照願いたい。

2　標準付属のガラススケールであり、10mm を 100 μ m（= 100/1000mm）刻みで表した線幅である。

3　これらは考古学や植物学における調査・分析手法の応用である。

4　一度文字を書いた使用済みの紙を漉き直して作った薄墨色の紙。

5　顕微鏡撮影画像や使用コード等の研究データはそれぞれ、GitHub（松尾大社< https://github.com/ashibuta/HI-kiyo_matsunoo2020.git >、陽明文庫< https://github.com/ashibuta/HI-kiyo32 >）にアーカイブし、公開している。

6　デンプン粒は水中で加熱されると粒子が膨潤（ぼうじゅん）し、その粘性が高まって糊状（のりじょう）になる（糊化）。糊化する温度は植物によって異なり、たとえばイネ属は摂氏 61 〜 77.5 度で糊化する。

7　http://ymbk.sakura.ne.jp/ymbkda/index.htm（2022 年 8 月 19 日アクセス）。

引用文献

»　Shibutani, A.: Scientific study advancements: Analysing Japanese historical materials using archaeobotany and digital humanities. Academia Letters, 2022. https://doi.org/10.20935/AL4628

»　今西亜友美・杉田そらん・今西純一・森本幸裕「江戸時代の賀茂別雷神社の植生景観と日本林制史資料にみられる資源利用」『ランドスケープ研究』74-5、2011

» 渋谷綾子・横田あゆみ編『古文書を科学する―料紙分析 はじめの一歩』東京大学史料編纂所研究成果報告 2021-9、東京大学史料編纂所、2022

» 渋谷綾子・高島晶彦・天野真志・野村朋弘・山田太造・畑山周平・小瀬玄士・尾上陽介「古文書料紙の科学研究：陽明文庫所蔵史料および都城島津家史料を例として」『東京大学史料編纂所研究紀要』32、2022

» 渋谷綾子・野村朋弘・高島晶彦・天野真志・山田太造「考古学・植物学を活用した松尾大社社蔵史料の料紙の構成物分析」『東京大学史料編纂所研究紀要』31、2021

» 高島晶彦「箋付料紙の自然科学的手法」『東京大学史料編纂所附属画像史料解析センター通信』76、2017

» 高島晶彦「デジタル機器を利用した楮繊維の分析」『古文書研究』90、2020

» 棚橋信文・佐藤直市編『松尾大社々蔵文書追加目録』松尾神社、1959

» 名和修「陽明文庫の沿革―成り立ちといまのありよう」『近衞家名宝からたどる宮廷文化史：陽明文庫が伝える千年のみやび』（田島公編）笠間書院、2016

» 野村朋弘「中世後期の松尾社神祠官について」神道史学会大会（web）、2020

» 本多俊彦「文書料紙調査の観点と方法」『東アジア古文書学の構築―現状と課題―』（小島浩之編）東京大学経済学部資料室、2017

» マイクロ・スクェア社『計測精度を高めるキャリブレーション（校正）のコツ』https://www.microsq.com/archives/575（2022 年 8 月 17 日アクセス）

» 松尾神社編『松尾神社社蔵文書目録』松尾大社社務所、1936

» 松尾大社編『松尾大社』学生社、2007

» 森岡清美「明治維新期における藩祖を祀る神社の創建―旧藩主家の霊屋から神社へ、地域の鎮守へ―」『淑徳大学社会学部研究紀要』37、2003

典籍近世写本の調査から

小倉慈司

▌1. 土御門家旧蔵の『延喜式』

　国立歴史民俗博物館の田中 穣 氏旧蔵典籍古文書コレクションのなかに、江戸時代書写の『延喜式』写本 50 冊がある。江戸時代初期の公家土御門泰重（1586 ～ 1661）が書写せしめた写本である。そのことは最終冊の巻第 50 末尾に「此全備書、泰重卿真筆也、泰福（花押）」と泰重の孫である泰福（1655 ～ 1717）が記していることにより知られる（ただし実際には、泰重の筆は一部に限られる）。

　当写本（以下、「土御門本」と呼ぶことにする）は長らく個人蔵であったが、その後、国の所蔵となり、国立歴史民俗博物館によって管理されるようになって研究が進んだ。1993 年刊行の神道大系『延喜式』下において校訂に使用され、1995 年には田島公氏が泰重の日記『泰重卿記』を調査して、泰重が元和 3 年（1617）5 月 5 日に一条家に「延喜式五十冊」の借用を申し入れ、翌 4 年閏 3 月 17 日には「延喜式校合・朱点始」をしていること、同年 9 月 20 日に「延喜式五十帖」を返却していることを紹介して、土御門本が一条家所蔵本を転写したものであることを明らかにした（田島 1995）。

　ただこのうち巻第 13 については、それ以前に虎尾俊哉氏が指摘したように（虎尾 1991）、版本によって補写されたものである。巻第 13 が版本として刊行されたのは、慶安元年（1648）のことである（慶安以降の版本に付される林道春跋）から、同年以降に補写されたということになる。

2. 原表紙か後補表紙か

　この土御門本の表紙について、田島氏が「各冊は栗皮色の原表紙を存し」とした（田島 1995）のに対し、虎尾氏は「現装は泰福の時か」とした（虎尾 1991）。これは、補写である巻第 13 も表紙の体裁がほかの冊とまったく同じであり、現装丁は慶安元年以降のことと考えざるを得ないと考えた（虎尾 2001）ことによるのであろう。ただし虎尾氏自身が述べているように、「表紙・裏表紙の見返し（〇筆者注、正しくは心紙）の大部分は、或る医書版本・仮名消息・文書・習書などを半裁して、その裏を利用しているが中に延喜式の他の巻を書写したものの裏を利用した場合もかなり見られ」、それが泰重真筆部分によって差し替えられたために生じた反故紙であることは、現表紙の作成を慶安元年以降のことと見る上では、問題となる。なぜなら元和年間の書写後、30 年以上も反故紙が保存されていたという状況を想定しなければならないことになるからである。

　この点については、各冊の表紙を注意深く観察すると、他巻には表紙に押し八双が見られるの（図 1）に対し、巻第 13 のみ押し八双が確認できない（図 2）という点から、やはり表紙は原表紙（もとからの表紙）であったと考えられる。押し八双とは、冊子本の表紙の左端にヘラでつけられた空押しの筋で、八双（破損を防ぐために巻子本などの表紙の端に付けられた竹ひご。押

図 1　土御門本『延喜式』
巻第 12 前表紙（部分）　左端より数ミリ
離れたところにある縦の筋が押し八双。

図 2　土御門本『延喜式』
巻第 13 前表紙（部分）　押し八双は存在しない。

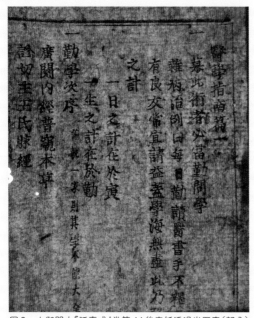

図3　土御門本『延喜式』巻第44後表紙透過光写真（部分）

え竹とも）が形骸化したものと言われている。古活字版など慶長〜寛永期（1596〜1644）の冊子によく見られ、公家などの写本では寛文（1661〜1673）頃まで残存したという（藤井1999）。

なお、虎尾氏が「或る医書版本」とされたのは、初代曲直瀬道三の『医学指南篇（十五指南篇）』古活字本である（図3）。同書は慶長年間（1596〜1615）に無刊記本が刊行されたと考えられ、複数の異植字版がある（川瀬1967、町2015）が、本反故紙は少なくとも国会図書館所蔵高木文庫本とは異なる。同書が使用されている反故紙全52紙のうち、同じ丁が複数使用されることがあり、かつ丁の表と裏がともに使用されていることが多いことから推測すれば、刷りに失敗した紙を反故紙としたと見られる。

3. 書写時期・書写者による料紙の違い

さて、このように土御門本『延喜式』は、巻第13以外は1617〜1618年頃写、巻第13は1648年以降写と考えられ、その料紙の違いは肉眼でも判別できるほどであるが、それを顕微鏡で観察したらどうなるであろうか。図4が巻第12本文第1丁、図5が巻第13本文第1丁である。巻第12が不純物が多く米粉も入っているのに対し、巻第13はほとんど繊維だけである。前者が簀目が細かいのに対し、後者は太い。厚さは前者が0.06cm程度であるのに

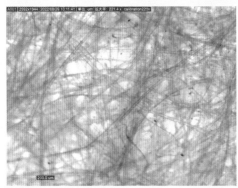

図4　土御門本『延喜式』巻第12本文第1丁
顕微鏡拡大写真　天野真志氏撮影

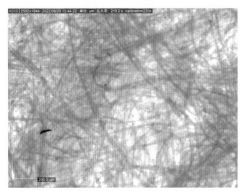

図5　土御門本『延喜式』巻第13本文第1丁
顕微鏡拡大写真　天野真志氏撮影

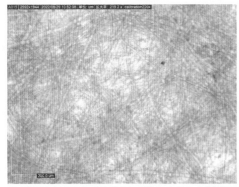

図6　国立歴史民俗博物館高松宮家伝来禁裏本『左経記』
第1冊本文第1丁　顕微鏡拡大写真　天野真志氏撮影

対し、後者はムラがあり、0.09〜0.13cmで、最初の紙は厚く、だんだん薄くなる傾向にあるという（以上、天野真志氏からの御教示による）。

前者（＝1617〜1618年頃の紙）が薄いのは、打紙加工が比較的丁寧になされていることによるのであろう。時代が下ると、手間をかけずにそこそこの質の紙が量産できるようになったことが関わると考えられる。もちろん近世にはさまざまな料紙が生産されていたが、同じ家で同じ目的に使用する料紙の時代による差という点で興味深い。

ちなみに17世紀後半頃に典籍書写に使用されていた紙として、国立歴史民俗博物館高松宮家伝来禁裏本の『左経記』も紹介したい（図6）。これは外題が霊元天皇（1654〜1732）宸筆と見られる。土御門本『延喜式』巻第13とさほど書写時期は変わらないと推測されるが、厚さは0.04〜0.05cmで極めて丁寧

に造られている。時期だけでなく、誰が書写事業を行ったのかという点にも
注意を払う必要があろう。

参考文献

» 川瀬一馬『増補 古活字版の研究』ABAJ、1967、初版 1937

» 田島公「土御門本『延喜式』覚書」門脇禎二編『日本古代国家の展開』下、思文閣出版、
　1995

» 虎尾俊哉「解題」同編『延喜式』上、神道大系編纂会、1991

» 虎尾俊哉「解題」館蔵史料編集会編『(国立歴史民俗博物館蔵貴重典籍叢書　歴史
　篇 18) 延喜式　七』臨川書店、2001

» 藤井隆「押し八双」井上宗雄ほか編『日本古典籍書誌学辞典』岩波書店、1999

» 町泉寿郎「中世から近世初期の医学知識の展開 – 出版文化との関わりから」鈴木健
　一編『形成される教養―十七世紀日本の〈知〉』勉誠出版、2015

第4部

料紙研究を広げる

4-1

データを記録・保存する

中村　覚

1. はじめに

　歴史資料に対する科学的研究は、分析手法の高度化により、この10年間で大幅に発展している。一方、これらの分析に使用されたデータは個々の研究者によって保存・管理されることが多く、分析方法および結果を共有・再現することが一般的には困難である。データの共有と再利用を支援することにより、データの出典の明確化と、研究結果の再現性の確保につなげることができる。またオープンデータ[1]の増加により、科学的研究のさらなる発展に寄与することができる。

　このような背景にもとづき、東京大学史料編纂所では caid（ケイド、classification and annotation for image data）というデータ管理ツールを開発している。画像およびそれに関するデータを簡易に、効率的に、柔軟に管理可能な機能を提供することにより、研究データの蓄積と共有、歴史学におけるオープンサイエンスの推進を目指す。本章では本ツールについて紹介する。

2. caid について

　図1に caid の概要を示す。caid はオンライン / オフラインで動作可能なデスクトップアプリケーションであり、インターネット接続が困難な調査先などでも利用することができる。PC 内の特定のフォルダを監視し、当該フォルダに新しい画像が追加されると、caid にも自動登録される。この機能を用いることにより、図1左に示すように、調査先での顕微鏡を用いた画像撮

第4部　料紙研究を広げる

影などと並行したデータ蓄積を行うことができる。caid に登録されたデータは、後述する機能を用いることで、画像データの分類や、画像内の情報に対するアノテーション*付与などを行うことができる。このようにして蓄積されたデータを分析し、また外部のシステムと連携させることで、料紙研究におけるデータ共有を支援する。

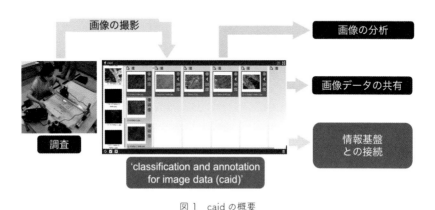

図 1　caid の概要

　以下、caid の使用方法の詳細について説明する。

▌ 3. 監視フォルダの設定

　上述した通り、本アプリケーションでは PC 内の監視対象のフォルダを設定することで、各種機材で撮影した画像の自動登録を行う。複数のフォルダを設定できるようにしており、調査目的や機材の違いに応じて、それらを切り替えられるようにしている。

▌ 4. アプリケーションの操作

　本アプリケーションの利用には、ウェブブラウザを用いる。なお、一般的にはウェブブラウザはインターネット上のコンテンツの閲覧に使用されるが、今回は PC 上で起動したアプリケーションの閲覧・操作のために使用す

る。そのため、上述した通り、オフラインで使用可能なアプリケーションと
なっている。

　caid におけるデータ管理の全体像を図 2 に示す。「メイン画面」では資料
の重層的な情報を階層構造によって管理する。各階層では、データの一覧・
編集機能（「画像データ一覧」）、編集対象とするメタデータ[★]の設定画面（設
定フォーム）などを提供する。これらの機能を用いることにより、調査・分
析対象に応じた多様なデータの分類と蓄積を支援する。

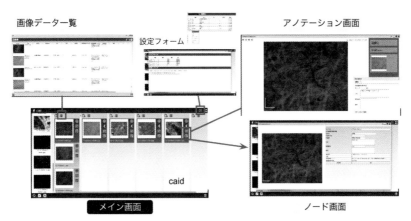

図 2　caid におけるデータ管理の例

以下、各機能について説明する。

5. 画像とノード

　本アプリケーションでは、監視フォルダに保存されたファイルを画像、そ
れらを分類するための枠をノードと呼ぶ。

　図 3 に示すように、🗋 を押して、空のノードを作成する。ノードの画像
部分に画像をドロップすると画像が登録される。枠の部分にドロップすると、
ノードの関連画像として登録され、一つ下の階層にノードが追加される。

　このように画像どうしを階層的に保存することにより、資料の重層的な情
報を管理することができる。

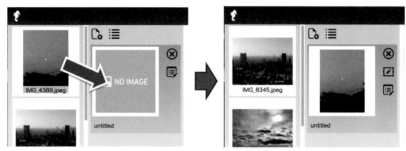
図3　画像とノード

6. メイン画面

　メイン画面を**図4**に示す。画面左部には未分類画像（画像監視フォルダに追加された画像ファイル）が登録された日時の降順で表示される。画面右部にはノードが階層ごとに表示される。

図4　メイン画面

7. データの編集

　caid は**図5**に示す、画像に対するデータ編集機能を提供する。**図5**左に示すメイン画面から特定の画像データを選択し、図右に示すアノテーション付与画面に遷移する。以下、アノテーションの編集画面、ノード情報の編集画面について説明する。

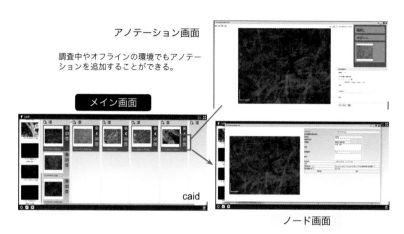

アノテーション画面

調査中やオフラインの環境でもアノテーションを追加することができる。

メイン画面

caid

ノード画面

図 5　データの編集

8. アノテーション編集画面

　アノテーション編集画面を**図 6**に示す。画像の任意の矩形箇所に対して、アノテーションを付与することができる。これにより、調査中および調査後のメモなど、テキストデータによるアノテーションを付与することができる。アノテーション付与の項目については、分析者・利用者がカスタマイズ可能な機能を提供することで、さまざまなニーズに応じたデータ蓄積を支援する。この設定方法について後述する。

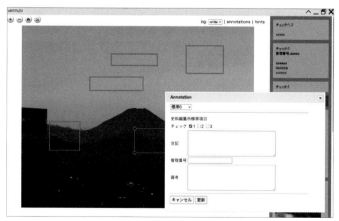

図 6　アノテーション編集画面

第4部　料紙研究を広げる

また本アプリケーションの特徴として、関連する画像もアノテーションとして付与することができる。これにより、史料画像の特定の箇所に対して、顕微鏡で撮影した画像を紐づける、といった画像管理を実現する。

9. ノード情報編集画面

各ノードについては、図7に示すノード情報編集画面から、そのメタデータを編集することができる。この画面で編集可能なメタデータ項目についても、後述する設定画面において、階層ごとにカスタマイズすることができる。

図7　ノード情報編集画面

10. 画像一覧画面

各階層における画像およびそのメタデータは、図8のように一覧表示することもできる。列の項目をクリックすると、昇順・降順で並び替えを行うことができる。また各項目の右側の▼をクリックすることで、フィルタリングを行う。

さらに表中のデータをダブルクリックすることにより、データの編集を行うことができる。本画面を用いることにより、複数の画像に対するデータの

一括修正などを容易に行うことができる。

図8 画像一覧画面

11. 設定画面

　図9に示すように、入力フォームを柔軟に設定することができる。フォームを追加し、種別・階層・名称を設定する。フォームの種別として、アノテーション編集に用いるものと、ノード情報の編集に用いるものをそれぞれ設定できるようにしている。また左側の矢印をクリックし、表示される順番を変

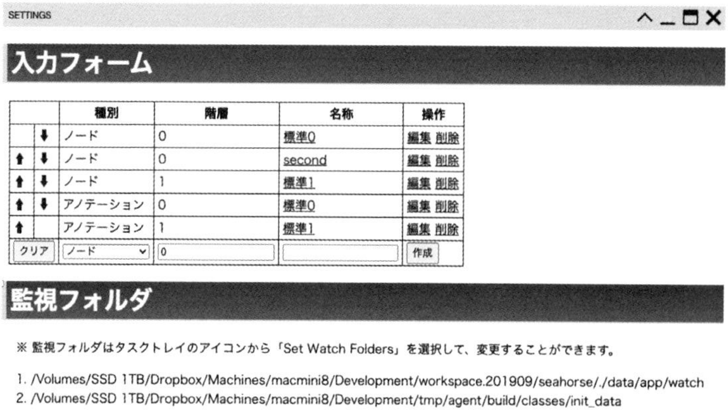

図9 設定画面

191

更することができる。さらに、名称をクリックすると、後述するフォーム内容の編集画面に遷移する。

12. フォーム編集画面

　入力フォームの内容についても、**図 10** に示すように、柔軟に設定することができる。フォーム部品を追加し、種別・ラベル・値・サイズを設定する。また左側の矢印をクリックし、表示される順番を変更することができる。

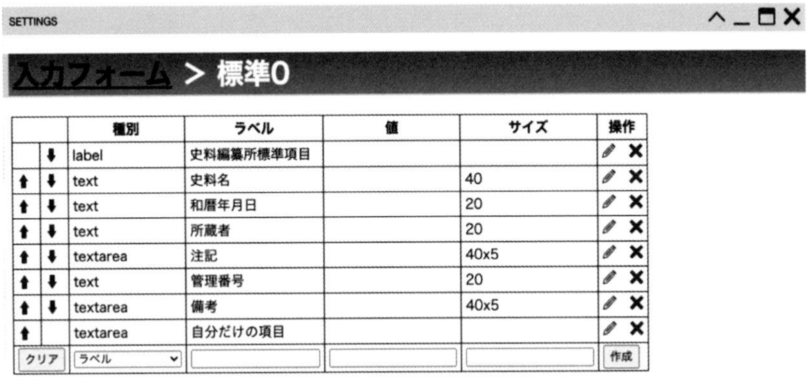

SETTINGS

		種別	ラベル	値	サイズ	操作
	↓	label	史料編纂所標準項目			✎ ✖
↑	↓	text	史料名		40	✎ ✖
↑	↓	text	和暦年月日		20	✎ ✖
↑	↓	text	所蔵者		20	✎ ✖
↑	↓	textarea	注記		40x5	✎ ✖
↑	↓	text	管理番号		20	✎ ✖
↑	↓	textarea	備考		40x5	✎ ✖
↑		textarea	自分だけの項目			✎ ✖
クリア	ラベル ▼					作成

図 10　フォーム編集画面

　フォーム部品の種別として、以下のものを用意している。

- ラベル：そのまま表示される。値・サイズは使用しない。
- テキスト：値は初期値となる。サイズは入力フィールドの大きさとなる。
- 数値：テキストと同様だが、数値のみが入力できるフィールドとなる。
- テキストエリア：テキストと同様だが、サイズは横 x 縦（例：「40x5」とすると 40 桁が 5 行）となる。
- チェックボックス：設定する値を半角カンマで区切って指定する。サイズは使用しない。入力時には複数の項目を選択することができる。
- ラジオボタン：設定する値を半角カンマで区切って指定する。サイズは使用しない。入力時には一つだけ項目を選択することができる。

- 選択：ラジオボタンと同じだが、表示形式がプルダウンとなる。

13. データのエクスポート

caid を用いて入力されたすべてのデータは、ユーザの PC 内に保存される。このデータはインポートおよびエクスポートが可能である。この機能により、ある調査データとほかの歴史資料の分析結果の比較などを行うことができる。同じデータに対する複数ユーザーによる解釈や注釈の違いなどに対して、caid を用いた比較・分析を支援する。また USB メモリなどにコピーすることで、データを保全することができる。

さらに図 11 に示すように、PC に蓄積されたデータを外部の情報システムと連携させることにより、より発展的なデータ共有および分析が可能となる。特に AI を活用した画像解析技術の発展は著しく、蓄積および共有されたデータに対する応用が期待できる。東京大学史料編纂所では、多様なデータを管理・蓄積する「史料情報統合管理システム」および AI によるデータ活用などを目的とした「データ駆動型歴史情報研究基盤の構築 [2]」プロジェクトを進めている。今後、これらのシステムおよびプロジェクトとの連携を図り、料紙研究のさらなる発展を目指す。

第 4 部　料紙研究を広げる

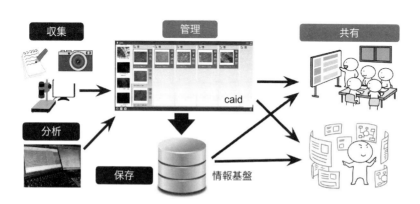

図 11　caid を用いた研究データの共有と活用

14. まとめ

　2022 年 9 月時点において、caid は限られた関係者のみで利用可能なツールであるが、将来的にはオープンソースソフトウェアとしての公開も見据えて現在開発を進めている。汎用的に利用可能なツールを目指すことにより、本研究成果の社会還元も視野に入れて活動を継続する。これにより、国内外の料紙研究の発展にも寄与していきたい。

謝辞

本研究は JSPS 科研費 20H00010 の助成を受けたものである．また，開発にご協力いただいた株式会社フォーイーチ様に深く感謝いたします．

1　　Open Knowledge International［1］による定義は以下である。

　　　オープンデータとは、自由に使えて再利用もでき、かつ誰でも再配布できるようなデータのことだ。従うべき決まりは、せいぜい「作者のクレジットを残す」あるいは「同じ条件で配布する」程度である。

参考文献

» ［1］Open Knowledge International, Open Data Handbook, http://opendatahandbook. org/guide/ja/what-is-open-data/,（参照 2022-11-15）.

» ［2］データ駆動型歴史情報研究基盤の構築 | 東京大学 , https://www.u-tokyo.ac.jp/ adm/fsi/ja/projects/sdgs/project_00214.html,（参照 2022-11-15）.

4-2

史料の形態データと
内容データを関連付ける
——複合的史料研究推進に向けた史料情報統合——

山田太造

第4部 料紙研究を広げる

1. はじめに

　東京大学史料編纂所（以下、史料編纂所）は、日本史史料の調査・研究を行うことで、『大日本史料』『大日本古文書』『大日本古記録』といった日本史研究に欠かせない基幹的史料集の編纂を行い、冊子体としての出版やデータベースシステムにより、その成果を公開・共有してきた。史料の調査は発足当初から継続して行ってきており、調査では史料収集も行ってきた。以前は写本作成やマイクロカメラ撮影による収集だったが、いまではデジタルカメラによる収集を行っており、130年を超えた収集により、膨大な日本史史料コレクションとして形成するに至った。

　複製史料を用いて、史料に記述されている内容をもとに、史料の様式論・機能論・伝来論、さらには、登場する人物・地名・時間などを軸として史料の分類を行うなど、批判的な史料分析を行ってきた。いわば、史料研究の基本である。1997年、史料編纂所附置センターとして画像史料解析センターが発足した。これを契機に、絵図・肖像画・錦絵・古写真といった画像史料を対象とし、さらには、古文書にある花押や文字の形状そのものをも画像史料としてとらえ、文字データのみならず画像データも対象として史料データの解析を行うことで、史料研究の進展を行ってきた。

史料編纂所の史料収集は，上記の通り史料複製による収集が中心であって、原則的には史料原本を所蔵することを目的としたわけではない。史料は本来の所蔵者・地域で大切に伝来されていくべきという考えに従ってきたためである。一方で、複製史料ではわからない、原本史料調査により取得しうるデータを持つことから、歴史研究を深化させることが可能であると考えている。史料編纂所の長年の史料研究活動への信頼により、史料を寄贈・寄託いただける所蔵者も少なくなく、また機会があれば史料原本の購入も行ってきた。2016 年 3 月時点で、史料編纂所は国宝 1 件、重要文化財 17 件、特集蒐書 63 件を含む 20 万点を超える史料原本を所蔵している[1]。これらについて、史料原本自体の研究のみならず、史料原本の保全・保存についても重要な研究活動として位置づけてきた。

2008 年度、複製史料ではなく、原本史料に着目した研究として JSPS 科研費基盤研究（B）「和紙の物理的分別手法の確立と歴史学的データベース化の研究」（研究代表者：保立道久）が開始した。「歴史史料に使用された和紙を材質科学的な視点から研究し、和紙を物理的に分類する記述を確定すること」を目的としている。2010 年度に開始した共同利用・共同研究拠点「日本史史料の研究資源化に関する研究拠点」において、開始年度に「対馬宗家文書の料紙研究」（研究代表者：富田正弘）および「古文書料紙の物理的手法による調査研究」（藤田励夫）にて、料紙研究に関する共同研究として実施された［史料編纂所 2012］。それ以降、共同利用・共同研究拠点では料紙研究は継続して実施されている。また、「樺山家文書（かばやまけもんじょ）」（修理期間：2012 ～ 2014 年度）、「中院一品記（なかのいんいんぽんき）」[2]（修理期間：2013 ～ 2015 年度）などの史料原本の解体・修復を行う過程で、史料状態や修復方法など修補に関わるデータ、およびその解析が重要であることが明らかになってきた。これに従来の料紙研究を組み合わせることで形態的料紙研究という新たな研究領域へ発展している。

2. 複合的史料研究

「島津家文書」は、惟宗忠久を初代とする島津氏が、平安末期から明治初期に至る約700年間、旧薩摩藩島津家重代相伝してきた史料群である。1957年に史料編纂所が同家より購入した。その構成は848巻、752帖、2689冊、4908通、160鋪、207枚、2幅、附文書箱32合等[3]であり、総点数は17,000点ほどある。1997年に重要文化財に指定され、2002年に国宝に指定された。貴重でありながら大量にあることから、この史料群を適切に保全し、後世に伝えていくことは簡易ではない。温度・湿度の管理可能な収蔵庫の整備の問題もあるが、史料の状態を保っていくための手法を確立し実践していくことも重要である。

「島津家文書」についてモノとしての劣化が著しいことから、この解装修理の必要が生じていた。これを契機として、先の樺山家文書・中院一品記の解体修理事業から明るみになった修補データやその解析をもとに、史料のモノとしての研究（形態的料紙研究）を推進し、史料内容等に関わる従来の史料研究との複合していく新たな史料学「複合的史料研究」として創成してい

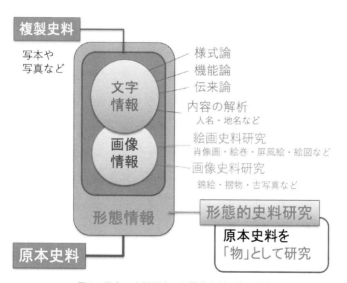

図1　従来の史料研究と形態的史料研究の関係

く計画を立てた。この概要を**図1**に示す。

　複合的史料研究に関わる事業は、2015年度概算要求事項「文化的・学術的な史料等の保存」として単年度申請し、さらに「原本史料情報解析による複合的史料研究の創成事業」と名称を改め2016〜2019年度の4年間として申請し、これが認められて、全体では5年間の研究事業となった。本事業は、(1) 多様で高精度な形態的史料データ取得のため、保存措置が必要な重要原本史料を選び、その解装修理時における調査モデルを構築し、(2) 原本史料データを共有化し、大量蓄積された既存史料データとの連携解析を進めるため、史料情報統合管理システムを開発し、さらに (1) の成果である原本史料データを (2) のシステム上に蓄積し、複合的史料研究創成のための基盤部分を形成することを達成目標とした。具体的な取り組みは以下の通りである。

a. 「島津家文書」のうち「御文書」（238巻、5218通）の解装修理。「御文書」は、薩摩藩2代藩主島津光久までの時代の文書を巻子にまとめたもの。豊臣秀吉文書222通のほか中近世移行期の文書を中心に、日本史上の著名な文書が多い。

b. 巻子の解体と文書一紙単位での調査・分析。紙質・墨や朱等の素材・損傷の種類や度合い・装幀の方法等を検証し記録する。

c. 上記を通じて取得したデータを集成・公開するための史料情報統合管理システムの構築。原本史料を対象とした高精細画像・顕微鏡画像・透過光画像等をも集約する。**図2**に示すように、史料情報統合管理システムを、史料編纂所歴史情報処理システム（SHIPS; Shiryohensan-jo Historical Information Processing System）上に構築し、従来の史料学研究と形態的史料研究との複合を実践していくための基盤システムとして位置づけられる。

d. 精巧なレプリカの作成。原本に使用されている料紙と同じ成分の復元和紙に対してコロタイプ印刷を行うことで、「手にとってさわれる文化財」を実現する。

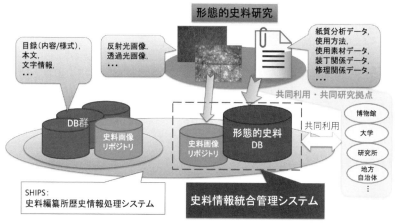

図 2　SHIPS と史料情報統合管理システムの関係

e. 修理完了した「御文書」の公開。研究事業の成果による社会還元・教育還元を行う。たとえば、レプリカを介した学生や歴史愛好家等を対象にしたワークショップの実施や、レプリカの高校等の教育現場への提供を行う。

　上記 b. に関わる形態的史料研究データは下記に示す枠組みとして整理した。

i. 紙質の分析。紙の種類の特定につなげていく。料紙としてのデータを採取していく。たとえば、厚み・重さ・簀の目・糸目★・密度・質量といった従来の料紙調書に記載する項目がある。また、顕微鏡撮影よる画像の登録も行う。顕微鏡画像をもとに、料紙の構成物として繊維や混雑物の特定を行う。

ii. 紙の使用方法の分析。顕微鏡撮影画像から料紙の繊維配向性の分析を行うことで、料紙の表裏が確定できることから、文字を表裏のどちらに書いたかが明確になる。また装丁の解体によって元来の折筋が明確になることから、発給等その折り方の復元が可能になる。

iii. 使用素材の分析。成分分析器等を利用することで墨や朱等の材質の確定に役立てる。

iv. 装丁技術の分析。装丁技術の検証を行うとともに、修理方法や修理に利

用された素材などの技術や、当時の文化・流通といった研究につながる素材になりうる。

　上記を進めていき、従来の史料研究の成果と組み合わせながら、複合的史料研究を進めていく。これにより、史料の形態データと内容・様式などのデータを照合し、時代ごとに、内容・様式と紙質、あるいは内容・様式と使用方法の対応関係など見出していく。たとえば、年号のない文書の時代特定の手がかりになるなど、内容に即して、文書料紙、文書使用法などの歴史的変遷を知ることが可能になりえる。内容や時代にしたがって、紙質や墨などについての標本となりえるデータを確定していくことも可能になると考えている。

3. 史料情報統合管理システム

　史料目録データおよび史料画像は SHIPS DB の一つである所蔵史料目録（以下、Hi-CAT）より公開されている。「原本史料情報解析による複合的史料研究の創成事業」による原本史料解析調査では、書誌レベルよりもより細かいレベルでの目録整備、修理解体により把握できたデータなど扱う。しかしながら、Hi-CAT は冊や巻といった書誌を基準としたデータを公開していることから、これらのデータを扱うことができない。たとえば古文書一紙単位とする内容詳細データや紙質分析・装丁・修理に関するデータを格納し提示することができない。そこで、史料情報統合管理システムと呼ぶ、これらのデータを扱うことができるデータベースシステムを構築するに至った。以下、このシステムの概要を述べる。

　史料情報統合管理システムは、書誌単位よりも詳細な単位での史料目録（以下、内容データ）、および、修理や装丁に関するデータ（形態データ）を、史料画像を単位として管理する。前提として史料調査のたびに撮影を行うことを想定している。そこで、同じ史料に対して複数の史料画像群が扱える仕組みにした。内容情報と形態的史料情報は史料画像に紐付けられているが、互いを直接紐付けていないため、内容情報と形態的史料情報を個別に作成・

編集していくことが可能であり、互いに干渉しない。この仕組みにより、た
とえば、任意の史料画像を選択すると詳細な目録が確認でき、さらに重さ・
長さ・紙の状態などの形態データへアクセスすることが可能である。

　史料情報統合管理システムは Hi-CAT の書誌目録データを利用し、内容
データをそれに紐付ける。また、史料画像群はその書誌目録データの識別子
を用いて管理する。**図 3** は T18-2-16（S 島津家文書 -2-16）「島津家文書 御
文書 三十四通［義久］」に関係する史料画像および内容データを示す。画像
ディレクトリ一覧に示されている「20151229」および「20161219」はディ
レクトリ名を示す。これは史料画像の作成日を示すとともに、史料画像群の
識別に利用することができる。「20161219」の 00000005.jpg には「1 羽柴秀
吉直書」というラベルが付与されている。これは内容番号 1 内容小番号 1「羽
柴秀吉直書（天正十三年）拾月二日」で示される内容データと紐付けられて

第 4 部　料紙研究を広げる

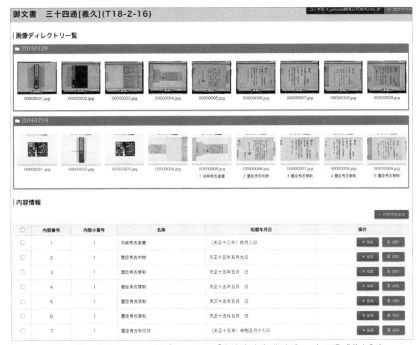

図 3　画像と内容データの例（T18-2-16「島津家文書 御文書 三十四通［義久］」）

いることを示す。この例では「20161219」のみに内容データが紐付けられているが、「20151229」の画像にもこの内容データを紐付けることが可能である（この例では 20151229/00000004.jpg にあたる）。これにより、内容データがどの撮影画像に該当するかを視覚的に容易に把握することができる。

　内容データとして、内容番号・内容小番号・名称・和暦年月日・差出・宛所・形態・紙数・端裏書[★]・紙背[★]・黒影・封式・封式内容・備考といった基本項目を用意している。文書・記録、対象史料の性格などに応じて記述したい項目も変化する。そこで、任意に項目を追加することができる。また、登録者や登録日などのデータ作成に関わるデータも保持できる。

　任意の史料画像を選択すると、図4に示すように史料画像とそれに紐づく内容データおよび形態データを確認することができる。また、形態データの入力画面へ繊維することも可能である。

　図5は形態データ入力画面を示す。形態データについても、基本項目を用意しており、対象史料、調査番号、寸法 - 縦、寸法 - 横、縦横比、重さ、坪量、厚さ - 袖1、厚さ - 地1、厚さ - 奥1、厚さ - 天1、厚さ - 袖2、厚さ - 地2、厚さ - 奥2、厚さ - 天2、厚さ - 袖3、厚さ - 地3、厚さ - 奥3、厚さ - 天3、厚さ - 平均、密度、紙質、加工、風合、地色、光沢感、光沢度（75°）、繊維配向 - 表、繊維配向 - 裏、皺付、米粉、粒子、白土[★]、紗目、紗目内容、簀目色、簀目、糸目、糸目幅、板目、印毛目、異物混入、異物混入内容、漉斑、もやもや感、繊維束、繊維溜、旧修理痕、損傷度合、損傷内容、備考がそれにあたる。修理時等にて必要となった項目を任意に追加することができる。また、最終更新者および最終更新日時も記録する。

　史料画像上の任意の位置に注記を挿入することができる。これにより、これまでの修理台帳では表現が困難だった史料の部位への注記を直接付与することができ、直感的に史料状態を把握することができるようになった。図6にその例を示す。図6左は史料に割れが生じている箇所へ「割れあり」という文字列を付与した例である。また、図6右のように顕微鏡撮影画像自体を史料上の該当箇所へ配置することも可能である。史料情報統合管理シス

図4　画像関連データ編集画面。史料画像とそれに紐づく内容データおよび形態データを確認することができる。

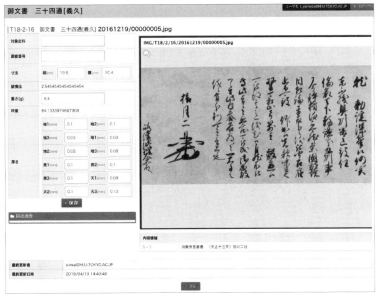

図5　形態データ入力画面

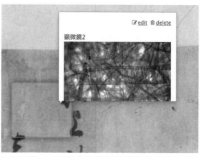

図6　画像へのアノテーション例（左：テキスト付与の例、右：画像（顕微鏡撮影画像）付与の例）

テムは IIIF（International Image Interoperability Framework）4) という画像相
互運用のデファクトスタンダードフレームワークを用いた画像提示を行って
おり、具体的には digilib5) という画像配信サーバを利用しており、mirador6)
という画像ビューアを用いることで実現している。ここで付与したアノ
テーションは史料情報統合管理システムのデータベース（DBMS としては
MySQL）へ格納している。

　原本史料情報解析による複合的史料研究の創成事業の実施期間に、「島津
家文書 御文書」および「中院一品記」を対象として、史料情報統合管理シ
ステムへ登録した内容データおよび形態データは 323 件だった。

▎4. おわりに

　史料情報統合管理システムには「島津家文書 御文書」のみならず、2013
〜 2015 年度に修復した「中院一品記」の内容データならびに形態データを
登録した。さらに、2016 年度には「中院一品記」の修理前画像・修理後画
像（**図7**）を Hi-CAT から公開した。修理前画像と修理後画像を比較するこ
とで、修復における実施事項、たとえば裏打ちや装丁の様子を確認すること
が可能になった。また、「中院一品記」の形態データを用いて、「中院一品記」
の料紙と同一の素材で和紙を作成し、修復後画像を用いてコロタイプ印刷を
行うことで精密なレプリカを作成することができた。原本自体を手に取るこ
とは容易ではないが，レプリカであることから、簡易に手にとってじっくり

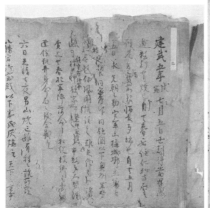

図 7　「中院一品記 建武五年七月五日条」における修理前・修理後の比較
（左）修理前画像（0073-15）　（右）修理後画像（S0073-13）

と観察することが可能である。デジタルデータからフィジカルな素材への変換（もしかすると 3D プリントがその可能性を秘めているかもしれないが）がより進むならば、形態データならびに史料画像を含む内容データを用いることで、史料編纂所以外においてもこのレプリカの作成は可能になっていくと考えている。これはいわば史料研究のデジタルトランスフォーメーション（DX）の成果の一つと言えよう。

　史料研究 DX を推進していくためには課題がいくらかある。

　その一つとしては、史料情報統合管理システムに格納されている形態データならびに内容データの公開である。現状ではまったく公開できていない。原本データとの関連付けを前提としている史料情報統合管理システムであることから、Hi-CAT とのシステム連携を行うことで形態データ・内容データを公開していくことが可能になると考えている。

　二つめとして、形態データ・内容データの二次利用環境整備である。史料編纂所は 2019 年 4 月に史料画像データについて、その利用条件を公開[7]した。その際、史料編纂所が原本として所蔵している史料の画像についてはオープンデータとして設定した。しかしながら、形態データ・内容データについ

てはその考慮の対象外であることから、改めて検討する必要がある。

　三つめとしては、他機関所蔵史料の扱いである。2020 年 3 月から SHIPS DB の一つである Hi-CAT Plus から、一部であるが他機関史料画像の公開を開始した。史料編纂所が修復に携わった史料については形態データ・内容データが存在しているが、この扱いはまったく調整できていない。

　四つめとして，まだ史料編纂所の機能として位置づけられていないことがあげられる。これまで史料編纂所で修復してきた史料のうち、ごく一部のみが史料情報統合管理システムに格納されているに過ぎない。

　「第 6 期科学技術・イノベーション基本計画」[内閣府 2021]において、オープンサイエンスとデータ駆動型研究等の推進が謳われており、研究 DX が開拓する新しい研究コミュニティ・環境の醸成が盛り込まれており、これは人文科学を含む科学技術とイノベーションの創出の一体的・総合的な振興、と表現されている。日本史学・史料研究もこの範疇にある。研究 DX の推進においては、デジタルデータ・デジタル環境のみが注目されがちであるが、実世界・フィジカルな環境との相互作用は非常に重要な要素として考えられており、さまざまな史料についての形態データ・内容データの取得と共有が進んでいくならば、CPS（Cyber Physical System）[8] の一例としてみることもできると考えている。一見古いと思われがちな史料研究ではあるが、史料を扱う上では基本でありながら、IoT の深化に伴い新しい研究領域を開いていく鍵になりうると考えている。

附記

本稿における研究成果の一部は、JSPS 科研費 20H00010、18H03576、および、「原本史料情報解析による複合的史料研究の創成事業」（文部科学省「共同利用・共同研究の基盤整備〜文化的・学術的な資料等の保存等〜」）の助成を受けたものによる。

1　　https://www.hi.u-tokyo.ac.jp/collection

2　　https://kunishitei.bunka.go.jp/heritage/detail/201/00011764

3　　https://kunishitei.bunka.go.jp/heritage/detail/201/00010713

4　　https://iiif.io/

5　　https://robcast.github.io/digilib/

6　　https://projectmirador.org/

7　　https://www.hi.u-tokyo.ac.jp/faq/reuse

8　　https://www.jeita.or.jp/cps/about/

参考文献

» ［内閣府 2021］内閣府（2021）「科学技術・イノベーション基本計画 .」https://
www8.cao.go.jp/cstp/kihonkeikaku/6honbun.pdf（最終アクセス：2022 年 10 月 24 日）

» ［史料編纂所 2021］東京大学史料編纂所「日本史史料共同研究の新たな展開 予稿集」、
東大教材出版、2012

第4部　料紙研究を広げる

4-3

世界へひらき、つなぐ

渋谷綾子

1. 国際化と英語化

さまざまな分野の研究で国際化の必要性が叫ばれて久しい。小学館『デジタル大辞泉』などの辞書では、国際化は「国際的な規模に広がること。また、国際的視野をもち、その観点に立って行動すること」とある。本書で扱っている古文書料紙の研究にあてはめるなら、史料情報や調査・分析データ、それらにもとづいた研究成果を国内外の研究者たちが共有し活用すること、共有・活用によって新たに生み出される課題に協働して取り組むこと、という研究の循環の輪を作ることが国際化であると私は考えている。研究の国際化を考える上で、避けて通ることができないのが言葉の問題であり、また研究データのデジタル化とオープン化である。

研究の国際化というときにしばしば求められるのは、外国語、特に英語の運用能力であり、英語による研究成果の発信である。この背景として、研究者が大学に所属する場合は世界大学ランキング Times Higher Education（THE）の順位を上げることが求められること（平田 2021）、また国際的な学術雑誌や出版物、国際研究集会の場で研究成果を示すとき、英語使用が基準となる場合の非常に多いことがあげられる。

図1は、「世界ではどの言語が最も多く話されているのか？」という 2022 年の統計データ[1]（2022 年 8 月 5 日公開）である。この図によると、英語を母国語とする人、あるいは第 2 言語として話す人は世界で 15 億人おり、中国語話者は 11 億人、ヒンディー語とスペイン語が 3 番目・4 番目に広く

使われていることがわかる。日本語話者は約 1 億 2500 万人余である。研究
に対する理解や意見は別として、英語で発信すれば、非常に多くの人に研究
成果を見てもらうことができるだろう。

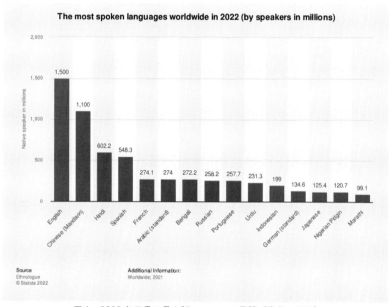

図 1　2022 年世界で最も話されている言語（単位：百万）

　一方、人文学研究は多様な言語を背景としており、文学や歴史研究では研
究対象において用いられる言語で学問的議論をする伝統が長く続いてきた。
さらに海外の日本史研究者は日本語に精通しているため、日本語を母語とす
る研究者が日本語以外の言語を媒介^{ばいかい}として成果を示す必要性は、自然科学の
研究に比べると非常に低い。古文書料紙の研究においても同様である。ただ
し、料紙研究のデータや成果は日本だけでなく、世界各地に存在する紙媒体^{かみばいたい}
歴史資料の研究で応用し、展開することのできるものである。日本で行われ
ている料紙研究を深化し、成果を国際的に広げていくためには、国内外の研
究者・機関と連携した上で、研究データや成果をどのように共有し、活用し
ていくべきか、またそれらのフィードバックを受けた新たな課題についても

考えることが重要であろう。

　データの記録・保存・活用、情報基盤との連携などについては、本書のほかの章で論じられているため、そちらを参照願いたい。ここでは、料紙研究の国際化に向けた今後の展開について考えてみたい。

2. 料紙研究のオープンサイエンス

（1）オープンサイエンスとは

　オープンサイエンスは、データの管理義務、分析過程の公開性、一般の人びとの包摂（ほうせつ）が求められる新しい規範であり（Marwick 2020）、近年重視されている。科学研究におけるデータの公開性は、近代科学の主要なテーマであり（David 2004）、データを活用して人類の未来に貢献するための重要なファクターである（Fecher & Friesike 2013）。

　オープンサイエンスは、オープンアクセス、オープンデータ、オープンメソドロジーの三つの要素から成る（David 2004）。オープンアクセスは、読者や図書館から料金を徴収せずに、学術研究、特に書籍出版物を恒久的にオンラインで全文アクセスできるようにすることである（Willinsky 2006）。オープンデータは、インターネットを通じて誰もが入手でき、自由に改変や再配布が認められているデータであり、データはさまざまな形式・様相をとる。オープンメソドロジーとは、誰でも検証、または再利用ができる、データの収集、分析および可視化の方法である（Marwick 2020）。研究の再現性を向上するために重要である。

　科学研究のオープンデータ公開は、インターネットの発達と普及を通じて加速した。これはデータの公開とアクセスにかかるコストが劇的に削減されたためである（橋本 2019）。研究者は自身のデータを一般公開する前に、負の影響について慎重に対処する必要があるが（Finn et al. 2014）、データへのオープンなアクセスを提供することによって、ほかの研究者もその恩恵を受けることができる。過去の研究データが信頼できるリポジトリで公に入手できるようになっていれば、より簡単に見つけることができる。また、一般

公開を前提に準備した場合、研究データは普段より適切に記録され、再利用が容易になる（David 2004）。

　マーウィック（2020）が提案した「データの分析について、明確な、または、スクリプト化された再現可能なワークフローを作り、そのワークフローをアクセス可能にする」、「実施した研究を他の人が容易に評価できるように、透明性が高くアクセス可能な分析ツールおよびソフトウェア（R や Python などのプログラミング言語など）を採用する」ことは、研究の公開性と透明性を支え、各種データへのアクセシビリティを向上する。料紙研究にこの考え方を適用するなら、分析データの分布やその構造について可視化を行い、また Git などのバージョン管理システムを利用することがあげられる。バージョン管理システムは効率的に追跡・記録し、協働を容易にするため、このシステムを利用することでデータの全体公開／部分公開を進めることが可能となる。これにより、研究結果の再現性・真正性を検証することがより容易となり、史料の修理・保存・活用に向けた実用技術の開発にもつなげることができる。したがって、料紙研究におけるオープンサイエンスの促進は今後の重要な課題である。

（2）データの共有・活用

　人文科学と自然科学のデータに対するオープンアクセスが可能となれば、歴史資料の科学的な研究はより総合的で横断的な学問へ展開することができる。しかし多くの場合、技術的な課題によって多様な種類のデータが分散している。

　本書の第 1 部で紹介されているように、古文書料紙の分析はこの 10 年の間で急速に発展してきた。特に、富田正弘・湯山賢一・大川昭典諸氏を中心とする研究グループは、古文書研究に自然科学的視点を早くから取り入れ、研究を積み重ねてきた。彼らは、100 倍率の小型携帯顕微鏡を用いて、繊維の太さと密集度、米粉や白土等の添加物の有無と含有量、植物の柔細胞などの物質の残存状況が非破壊観察によって検討し、より精度の高い料紙の識別

基準を提示してきた。料紙のモノとしての特徴を観察してわかったことは、料紙の種類や表裏の識別、墨や朱などの素材の特定、料紙の製法や使用方法の解明、装丁技術の復元につながり、文書の中身に加えて、料紙のちがい自体が歴史的意味を持つことが明らかとなった。近年は顕微鏡用 USB デジタルカメラやメガピクセル対応カメラレンズの機能が急速に向上し、ゆがみの少ない非常に高精細な画像を簡単に撮影し獲得することができるようになった。さらに文化財科学の分野では、考古学や植物学の分析手法を応用して、料紙の製造過程で添加された米粉や植物の柔細胞の特定，それらの含有量の計測が実践されており、繊維素材の植物の DNA[*] バイオマーカー[*] を抽出することもできるようになった。

　このように、顕微鏡やマイクロスコープなどを用いた分析が積極的に進められる一方で、収集された情報の解析は調査者や分析者へ一元的に委ねられ、管理される傾向にある。生成・蓄積される分析データの一部は、論文等による公表や、データベースを介して、あるいはデータセットとして、ウェブサイトでの公開が試みられているが、研究者間での共有とともに、今なお発展途上である。料紙のもつ科学情報や分析データを国際標準化し、歴史資料の研究全体で広く活用することも同様に、十分できているとは言いにくい。

　またごく一部ではあるが、料紙の断片を採取するなど歴史資料の損傷・破壊を伴う理化学分析が行われたり、高価格で高精度の顕微鏡機器によって料紙の構造解析を行い、分析プロセスを公開することなく、結果のみを提示したりする動きが進行している。学術調査とはいえ、文化財へ影響を与えないことは調査・研究の大前提である。特定の分析機器やシステム、機関へ依存することについても、オープンサイエンスの時代にありながら、科学研究の進展を妨げる要因になる。

　以上のような問題を解決するためには、研究データを利用しやすい形式へ変換し、共有・活用を進めることが必要である。データの属性や関係を表すためのデータ（メタデータ[*]）を記述するためのしくみである Resource Description Framework（RDF）、デジタル画像を公開し共有するための国

際的なフレームワークである International Image Interoperability Framework（IIIF、トリプルアイエフ）、学術機関リポジトリやデジタルオブジェクト識別子（DOI）などを通じたダウンロードによって標準化が可能となれば、世界中でそれらのデータを共有し、活用することができる。ほかの研究者が成果を共有し、データの包括的な検索や紐付けられた歴史資料から別の課題を見出すこと、新たな情報の蓄積・拡充を進めること、情報の保存・活用に関わる技術開発・実践を促進することも可能となる。このように、データや情報を共有し連結すること、国際標準に対応できること、という二つの方向性が今後の料紙研究で求められるものであり、歴史文化の保護・活用など、地域社会の抱える課題解決にもつながるのではないだろうか。

3. 世界の「紙」研究

　料紙研究の国際化を考えるとき、世界ではほかにどのような「紙」の研究が行われているのか、研究動向を知っておく必要がある。ここでは、羊皮紙、樹皮紙、紙資料の保存という三つを取り上げ、それぞれの研究の概要を紹介する。専門的な内容や詳細は、ここで引用した文献や関連論文、書籍などを参照していただきたい。

（1）羊皮紙（parchment and vellum）

　羊皮紙と聞いて、日本ではイメージのわかない人が多いだろう。私自身も博物館の展示資料として見たことがあるという程度で、研究の対象として扱った経験はない。小学館『デジタル大辞泉』などの辞書を参照すると、「羊・ヤギなどの皮をなめして乾燥・漂白して作った書写材料。前 2 世紀小アジアのペルガモン地方で考案され、西洋では中世末まで使用。パーチメント。」と記されている。羊皮紙は、羊、子牛、山羊等の動物のなめさない（untanned）皮から作られた記録媒体で、福音書から実用文書まで 2000 年間以上使われた（Bower et al. 2010; Fiddyment et al. 2019; 飯田 2021）。本書で扱っている古文書料紙とのちがいは、原料素材と製法である。料紙は植物繊維を素材と

し、いわばバラバラに分解された繊維を膠着（こうちゃく）させたものである。一方の羊皮紙は、動物性の線維[2]（せんい）を素材とし、コラーゲン線維が絡み合ってシート状になっている皮を、伸ばしたり削ったりして薄くなめらかにして作られる（Dolgin et al. 2006; 八木 2021）。羊皮紙については八木健治『羊皮紙のすべて』（やぎけんじ）（2021）で詳しく解説されており、そちらを参照願いたい。ここでは羊皮紙の科学分析について取り上げる。

　光学顕微鏡や走査型電子顕微鏡★（そうさ）（SEM：Scanning Electron Microscope）[3] は、古い羊皮紙写本などの調査・研究で使用され、線維の計測や劣化（ゼラチン化）状態、分子レベルでの線維の観察が行われている（八木 2021）。紫外線・赤外線による撮影も行われており、紫外線撮影では、羊皮紙から完全に消されてしまった文字を浮かび上がらせ、情報を読み取ることができる（Fiddyment et al. 2019; 八木 2021）。羊皮紙の写本や図面に書かれた文字の多くは、鉄の塩と植物由来のタンニン酸から作られた没食子インク（もっしょくし）（IGI：iron gall ink）が使用されている（Boyatzis et al. 2016; 八木 2021）。IGI のタンニンは紫外線を吸収するため、紫外線撮影では黒く写り、一方、羊皮紙は紫外線を反射するため、紫外線撮影では青白く写る。赤外線撮影は物質の透過撮影が可能であり、美術品における下絵の有無、インクの濃淡、顔料素材の推定に用いられている（八木 2021）。

　さらに近年は、ペプチドマスフィンガープリンティング解析法（PMF：peptide mass fingerprinting）[4] によるタンパク質の同定（Fiddyment & Collins 2017）、フーリエ変換赤外分光分析★（FT-IR：Fourier Transform Infrared Spectroscopy）[5] による全反射測定法（ATR：Attenuated Total Reflectance）[6]（Boyatzis et al. 2016）、レーザー誘起（ゆうき）ブレークダウン分光法[7]（LIBS：Laser-induced breakdown spectroscopy）（Dolgin et al. 2006）などの成分分析、DNA 分析による動物種の特定（たとえば Bower et al. 2010; Fiddyment et al. 2019; Teasdale et al. 2015）なども進められている。これらの分析では非破壊調査が重視されており、羊皮紙の破壊を一切行わずに分析用試料の採取が実践されてきている。そのなかでも、イギリスのヨーク大学が行っている

ZooMS（Zooarchaeology by Mass Spectrometry、質量分析による動物考古学の略称でズームスと読む）[8]）は、ほぼ非破壊の分析手法である。ZooMSでは、羊皮紙の表面を消しゴムで軽くこすり、その際に発生する静電気でコラーゲン線維を消しカスに絡め取り、それを分析する（たとえば Fiddyment et al. 2015; Fiddyment et al. 2019; Teasdale et al. 2015）。羊皮紙の文書類は毛側と肉側の質感の差が大きく、可能な限り肉側から分析用試料を採取すること、ページのなかの汚れの少ない部分を対象とすることなど、試料の採取時に注意が必要となるが、分析の対象とする歴史資料を損ねずに実施でき、実践例が近年増えてきている。

　日本では羊皮紙の物品は数が限られており、科学分析の実施は困難な場合が多い（八木 2021）。古文書料紙の分析と同様に、羊皮紙の歴史資料もすべて非破壊・非接触で行うことのできる分析が理想ではあるが、まだ実現できていない。ZooMS のような分析手法がさらに開発されていけば、写本や図面からさらに多くの情報を得ることが可能となるだろう。

（2）樹皮布と樹皮紙

　樹皮布（バーククロス）はカジノキの内樹皮★を叩いて生産する不織布である。バーククロスは織布に取って代わられるまでアジアやアフリカ、中米などで一般的に利用されてきた。太平洋諸島では、オーストロネシア言語圏の民族における最も象徴的な物質文化として知られている（Chang et al. 2015; Peña-Ahumada et al. 2020; 鍾ほか 2020）。樹皮紙は樹皮布と同じく、カジノキの内樹皮を石棒（ビーター）で打って叩き延ばして作る。

　カジノキの内樹皮の繊維は非常に長く、強靱なため、バーククロスや樹皮紙の製作に適した材料として高く評価され、古くから利用されてきている。中国南部の遺跡からはバーククロスの製作に使用した石製ビーターが出土しており（Li et al. 2014）、メキシコの樹皮紙「アマテ」の生産はヒスパニック時代以前にさかのぼるなど（Binnqüist et al. 2012）、オーストロネシア言語圏の人びとはクローンによって増殖させたカジノキの栽培を各地へ広めて

きた（Chang et al. 2015; Matthews 1996; Peña-Ahumada et al. 2020）。現在では、バーククロス・樹皮紙の製作は一部地域の先住民文化として引き継がれる程度であるが、製紙技法の起源とカジノキの分布は密接に関わっている（鍾ほか 2020）。

　バーククロスや樹皮紙は、主としてオーストロネシア言語圏の文化伝播について論じる研究が多い。たとえば Larsen（2011）は、ヨーロッパとポリネシアの文化接触以降の民族誌データを用いて、ポリネシアの樹皮布の進化と拡散を復元した。分析の結果、ポリネシア西部・東部における樹皮布の技術分布がヨーロッパ人の入植時期と関わっていることが判明した。Peña-Ahumada ほかの研究（2020）では、異なった地域における歴史資料のバーククロスから古 DNA の抽出に成功し、その遺伝的特徴から原産地がアジア・オセアニア域であることが示された。さらに、Binnqüist ほかの研究（2012）では、樹皮紙の製作に用いられた原料について民族植物学的な調査を行った。結果として、現代の樹皮原料と歴史資料の樹皮紙との化学的な特徴を比較・検討し、現代の樹皮材料はリグニン[9]の含有量が多く、製作技法の変化につながったことが指摘された。

　バーククロスや樹皮紙の研究では、DNA 分析などの科学分析によって原料のカジノキの遺伝的多様性を解析するもの、民族植物学調査によって製作技法の復元を行うものが多い。これらの研究成果をそのまま古文書料紙の研究へつなげることは難しいが、カジノキ属の遺伝的多様性や分布地域などの成果は、料紙の植物素材の解析を行う際に参考データとなり得る。料紙分析を進めるなかで、同時に動向を把握すべき研究対象である。

（3）紙資料の保存──在欧和古書保存プロジェクト

　紙媒体の歴史資料の修理・保存については非常に多くの研究がある。特に、日本では近年大規模な自然災害が頻発しているため、歴史資料ネットワーク（通称：史料ネット）の活動とそれらの成果は顕著に見られるようになった。史料ネットの活動の詳細は公式ウェブサイト[10]や『地域歴史文化継承ガイ

ドブック　付・全国資料ネット総覧』（後藤・天野編 2022）を参照いただきたい。ここでは、海外における紙資料保存プロジェクトの例として、日本資料専門家欧州協会（European Association of Japanese Resource Specialists：EAJRS）における在欧和古書保存プロジェクトを紹介する。

　EAJRS は、ヨーロッパにおける日本に関する情報や図書館資料について、その展開および普及を促進させることを目的に、1989 年に創設された国際組織である（後藤・西薗 2017）。資料文献を扱う図書館員や学芸員、研究者等を主な会員として、毎年ヨーロッパ各地で年次大会が行われ、資料紹介や研究発表、情報共有、ネットワーク形成の場として機能している。日本からもこれまでに多数の参加者がいる。公式ウェブサイト[11]に掲載される議事録やカレントアウェアネス・ポータル[12]における参加報告などからは、その時々の関心事や問題意識がうかがえるが、通底しているのは資料や情報へのアクセシビリティ向上の希求である。特にここ数年は、デジタル・ヒューマニティーズ（digital humanities、人文情報学）の観点から日本関係資料へどうアクセスし、情報共有を進めるべきかなど、デジタル技術を用いた各種資料・研究データへのアクセスに関するトピックが年次大会のテーマとして取り上げられている。

　この EAJRS のなかに設立されたのが、在欧和古書保存ワーキンググループである[13]。設立の構想は、2014 年年次大会で EAJRS 特別セッション「文化財の保護、保存、修復」における安江明夫の基調講演で提言され、その後 EAJRS ボード・メンバー有志者によりワーキンググループが作られた。組織の目的は、①在欧和古書保存の取り組みを支援する、②和古書保存に関する知識・経験を蓄積し、提供する、の二つである。

　ワーキンググループの活動・計画では、資料保存・修復の実務に携わるメンバーがそれぞれのガイドラインを公開しているが、料紙調査やその修理手法については示されてこなかった。そのため、2019 年のブルガリア・ソフィアで開催された年次大会での報告（高島・渋谷 2019）は注目を集め、現在はワーキンググループのガイドライン「資料保存の知識・資料保存の経験・

ガイドライン」のなかで公開されている[14]）。新型コロナウイルス感染症拡大に伴い、紙資料の保存・修復に関する対面による情報交換・共有の機会が限られてきたが、2022年9月にポルトガル・リスボンで開催された年次大会では、対面で和古書保存・修理時の料紙調査の各種手法関する情報共有を行うことができた。特に、非破壊でどのような情報を獲得し、修理・保存につなげていくのかについて、会員たちの高い関心がうかがえた。

　古文書料紙の研究で得られる各種の成果は、和古書を取り扱う実務者にとって、資料の修理・保存を実施するなかでの参考材料となる。「国際発信」と聞くと難しく考えてしまう傾向があるが、実のところ、在欧和古書保存ワーキンググループをはじめとする海外の実務者にとって、言語はそれほど大きな障害ではない。むしろ、彼らに関連情報や成果をどうひらき、提供していくのかが重要な課題である。本書も含めて、研究情報・成果の積極的な発信に努めることが、国内外における研究の深化につながるだろう。

▌4. まとめ──世界のなかで考える

　既述したように、「国際発信＝英語による発信」ととらえる向きは今なお一部で存在している。英語使用者が世界最多である現在において、たしかに英語で研究成果を発信すれば多くの人へ届けることが可能である。しかし、言語の問題で躊躇して研究成果やデータの発信・共有を国内にとどめてしまうのではなく、自分たちの研究を世界のなかで考えるために、歴史資料の情報や研究データの国際標準化を進め、積極的な共有・発信を進めることが、今後の料紙研究の方向性として重要である。さらに、ほかの「紙」研究と料紙研究の成果を比較し検討することも、歴史資料の科学研究を進展させるためには必要となる。

　古文書や古記録類など紙媒体歴史資料の科学研究への理解醸成と期待は、世界的に非常に高まっている。研究データのオープンアクセスがさらに進展し、さまざまな情報をより多面的に収集し分析できれば、歴史資料全体に対する総合的な科学研究の基盤の強化につながるだろう。

1 statisa <https://www.statista.com/> での検索結果（2022 年 9 月 5 日アクセス）。

2 日本語の慣習で植物性は繊維、動物性は線維と書く。

3 微量の破壊サンプルが必要となる。

4 生体サンプルに含まれるタンパク質を同定する方法。タンパク質を特定の基質配列（酵素によって化学反応を触媒される物質の配列）にもとづいて、トリプシンなど加水分解（水分や空気中の湿気によって発生する分解反応のこと）するタンパク質加水分解酵素を利用してペプチド断片を作製し、この断片を質量分析法で網羅的に検出する。さらに、タンパク質データベースと照らしあわせて、もとのタンパク質を同定する。

5 測定対象の物質に赤外線を照射し、赤外線吸収スペクトルを利用して化合物を定性化・定量化する方法。

6 構造・組成情報を取得するためにサンプルに光を取り入れるサンプリング方法。

7 試料にパルスレーザーを照射し、生成されるプラズマの発光を分光する方法。

8 https://www.york.ac.uk/archaeology/centres-facilities/bioarch/facilities/zooms/（2022 年 9 月 8 日アクセス）

9 植物の細胞壁に含まれる複雑な構造をした高分子（芳香族ポリマー）。

10 http://siryo-net.jp/（2022 年 9 月 21 日アクセス）

11 https://www.eajrs.net/（2022 年 9 月 21 日アクセス）

12 https://current.ndl.go.jp/（2022 年 9 月 21 日アクセス）

13 https://www.eajrs.net/kosho/kosho（2022 年 9 月 21 日アクセス）

14 https://www.eajrs.net/kosho/activities（2022 年 9 月 21 日アクセス）

引用文献

» Binnqüist, C. L., Quintanar–Isaías, A. and Meeren, M. V.: Mexican bark paper: Evidence of history of tree species used and their fiber characteristics. Economic Botany, 66, 2012.

» Bower, M. A., Campana, M. G., Checkley‐Scott, C., Knight, B. and Howe, C. J.: The potential for extraction and exploitation of DNA from parchment: a review of the opportunities and hurdles. Journal of the Institute of Conservation, 33-1, 2010.

» Boyatzis, S. C., Velivasaki, G. and Malea, E.: A study of the deterioration of aged parchment marked with laboratory iron gall inks using FTIR-ATR spectroscopy and micro hot table. Heritage Science, 4, 2016.

» Chang, C.-S., Liu, H.-L., Moncada, X., Seelenfreund, A., Seelenfreund, D. and Chung, K.-F.: A holistic picture of Austronesian migrations revealed by phylogeography of Pacific paper mulberry. Proceedings of the National Academy of Science (PNAS), 112 -144, 2015.

» David, P. A.: Understanding the emergence of 'open science' institutions: functionalist economics in historical context. Industrial and Corporate Change, 13-4, 2004.

» Dolgin, B., Chen, Y., Bulatov, V. and Schechter, I.: Use of LIBS for rapid characterization of parchment. Analytical and bioanalytical chemistry, 386-5, 2006.

» Fecher, B. and Friesike, S.: Open science: One term, five schools of thought. Opening Science (S. Bartling & S. Friesike, eds.). Springer, Cham, 2013.

» Fiddyment, S. and Collins, M.: From field to frame. The contribution of bioarchaeological methods to understanding parchment production. Gazette du livre médiéval, 63, 2017.

» Fiddyment, S., Holsinger, B., Ruzzier, C., Devine, A., Binois, A., Albarella, U., Fischer, R., Nichols, E., Curtis, A., Cheese, E., Teasdale, M. D., Checkley-Scott, C., Milner, S. J., Rudy, K. M., Johnson, E. J., Vnouček, J., Garrison, M., Mcgrory, S., Bradley, D. G. and Collins, M. J.: Animal origin of 13th-century uterine vellum revealed using noninvasive peptide fingerprinting. Proceedings of the National Academy of Science (PNAS), 112-49, 2015.

» Fiddyment, S., Teasdale, M. D., Vnouček, J., Lévêque, É., Binois, A. and Collins, M. J.: So you want to do biocodicology? A field guide to the biological analysis of parchment. Heritage Science, 7, 2019.

» Finn, R., Wadhwa, K., Taylor, M., Sveinsdottir, T., Noorman, M. and Sondervan, J.: Legal and ethical issues in open access and data dissemination and preservation. Zenodo,

2014.

» Larsen, A. W.: Evolution of Polynesian bark cloth and factors influencing cultural change. Journal of Anthropological Archaeology, 30, 2011.

» Li, D., Wang, W., Tian, F., Liao, W. and Bae, C. J.: The oldest bark cloth beater in southern China (Dingmo, Bubing basin, Guangxi). Quaternary International, 354, 2014.

» Marwick, B., 日本語化：高田祐一・野口淳・Peter Yanase「考古学における研究成果公開の動向－データ管理・方法の透明性・再現性－」『デジタル技術による文化財情報の記録と利活用 2』（独立行政法人国立文化財機構奈良文化財研究所編）奈良文化財研究所研究報告, 独立行政法人国立文化財機構奈良文化財研究所, 2020.

» Matthews, P. J.: Ethnobotany, and the origins of Broussonetia papyrifera in Polynesia: An essay on Tapa prehistory. Oceanic Culture History: Essays in honour of Roger Green (J. M. Davidson, G. Irwin, B. F. Leach, A. Pawley & D. Brown eds.). New Zealand Journal of Archaeology Special Publication, 1996.

» Peña-Ahumada, B., Saldarriaga-Córdoba, M., Kardailsky, O., Moncada, X., Moraga, M., Matisoo-Smith, E., Seelenfreund, D. and Seelenfreund, A.: A tale of textiles: Genetic characterization of historical paper mulberry barkcloth from Oceania. PLoS One, 15-5, 2020.

» Teasdale, M. D., Doorn, N. L. V., Fiddyment, S., Webb, C. C., O'connor, T., Hofreiter, M., Collins, M. J. and Bradley, D. G.: Paging through history: parchment as a reservoir of ancient DNA for next generation sequencing. Philosophical transactions of the Royal Society of London. Series B, Biological sciences, 370, 2015.

» Willinsky, J.: The Access Principle: The Case for Open Access to Research and Scholarship. The MIT Press, 2006.

» 飯田清昭「紙が演出した文明史上の交代劇」『紙パ技協誌』75-6、2021

» 鍾國芳・張瓊之・謝佳倫・國府方吾郎「カジノキの DNA はオーストロネシア人の移住と和紙の起源の物語をどのように語っているのか？」『古文書研究』90、2020

» 後藤史彦・西薗由依「日本資料専門家欧州協会（EAJRS：European Association of Japanese Resource Specialists）第 26 回年次大会参加報告」『大学図書館研究』106、

2017

» 後藤真・天野真志編『地域歴史文化継承ガイドブック 付・全国資料ネット総覧』文学通信、2022

» 橋本雄太「歴史データをひらくこと―オープンデータ―」『歴史情報学の教科書 歴史のデータが世界をひらく』（後藤真・橋本雄太編）、文学通信、2019

» 平田昌司「人文学の『国際化』と 21 世紀中国」『学術の動向』26-4、2021

» 高島晶彦・渋谷綾子「原本保存のための料紙調査とそれに基づく修理手法」『第 30 回日本資料専門家欧州協会年次大会』、2019

» 八木健治『羊皮紙のすべて』青土社、2021

第4部　料紙研究を広げる

紙資料の「データ解析」が持つ
変革とコラボレーションの可能性

後藤　真

▌1. 質的研究と量的研究

　本コラムでは、紙資料のデータ化の意味について、デジタル・ヒューマニティーズ（DH）の立場からいくつかの私見を述べるものである。人文データの計量可能性、という観点は DH 研究の初期から議論されてきた。日本においても、絵画の計量分析の可能性が早くから指摘されるなど、データ化による量的な分析の試みは続けられてきた。既存の人文学の手法においては、資料を人間が読み、人間が「記述」を行うことによって、その研究成果が伝えられてきた。情報学の手法はそれらの記述という行為に加え、そのもととなるような「数」や「形式」を成果表現につなげるとしたといえるであろう。一方で、人文学のうち、とりわけモノを対象とする研究については、情報学だけではなく自然科学の手法も取り入れられるようになってきた。年輪年代分析や炭素同位体、あるいは酸素同位体による資料研究は代表的なものである。そして、本書全体を通貫する「モノとしての紙」という研究も当然そのような自然科学手法との連携によるものである。このような状況は、いわば「質的な研究であった人文学に量的な手法が取り入れられた」と表現できるであろう。

　この「質的研究から（に加えて）量的研究へ」という観点は、研究をより広範な方向へと拡張するものであることはいうまでもない。しかし、量的研

究として成熟するためには、さらに次のステップが求められると考える。この後、そのステップに関して、少し検討を加えていく。

▌2. 量的研究のための「ステップ」

その重要なステップというのは、すなわち「量的研究には、絶対的なクライテリアが必要であり、そのクライテリアのための基礎データのさらなる蓄積が求められる」ということである。多くの自然科学・あるいは情報学における量的な研究は、その前提として「その数値が示す意味が共有」されている。量的な数字は、あくまでも数字でしかない。その数字に意味を持たせるのは「線引きする人間」であり、「数字を説明する言葉」なのである。たとえば、統計における P 値は、0.05 以下である場合に、その統計が有意であるとみなされることが標準であるとされている。これは、有意水準が 5％であることを前提とするために成立しているともいえる。このように多くの数字は、それまでの研究史にもとづいて、前提となる水準が設定されているのである。

一方で、DH ではそのような水準が設定されている例はほとんどない（無論、他分野の蓄積を用いて水準を決定することは当然行われているが、DH、ないし歴史資料の情報学的分析において取得されたデータそのもののクライテリアは存在しない）。それは、DH の研究水準の問題ではもちろんなく、純粋に研究史上データがこれまで存在しなかったか、あるいは人文学の特性上、より細かい分野設定がされているため十分な蓄積ができなかったかのいずれかが原因である。

たとえば、近年、大きく研究が進んだいわゆるくずし字の AI 翻刻の例を見てみたい。くずし字の翻刻に関わる研究が開始されたのは DH でも早い方であり、そこでさまざまな課題が発見されている。その課題をもとに、AI 活用全盛の時代となった 2020 年前後において、一挙に花開くことになったのが、AI くずし字翻刻である。本コラム執筆現在、このコンピュータによるくずし字翻刻の精度はある一定の条件下であれば、98％を超えるとも言

われている。これは、研究開始当初の精度に比すると、段違いの進歩であることはいうまでもない。この「高い」精度をもととして、ブラウザ上によるサービスや、スマートフォンアプリ、企業による展開が行われており、くずし字翻刻の技術は、「実用可能」な部分にまで至りつつあるといってよい。

　しかし、ここにはこの「量的なものを評価するクライテリア」が前提として隠れている。すなわちそれは「全体の何パーセントまで読めば「（機械であれ人であれ）読めた」といってよいのか」という前提である。仮に正解率98％という数字があったとして、逆の観点から見ればエラー率は2％である。すなわち、50文字に一文字を間違えるということになる。この数字であっても「読めている」と判断できるのかどうか、という議論を本来は行う必要があるのである。念のため付言しておくと、筆者はAIくずし字翻刻の可能性を否定するものではない。筆者自身もくずし字翻刻アプリである「miwo」を用いて、古文書の判読を行うこともあり、積極的に用いているユーザの一

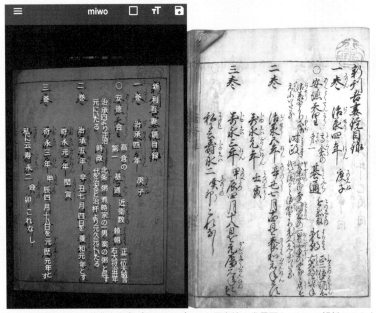

khirin-a で公開している後藤家文書（CC BY4.0）より吾妻鏡1巻冒頭を miwo で解析させたもの（左。右は原文書画像）。この画像では約89％の正解率である

人である。そのような前提の上で、ここでこのことを指摘するのは、学術的な議論を今後さらに展開していくためのものである。

3. 量的基準・質的基準

　この AI くずし字翻刻のクライテリアにも大きく二つの論点がある。一つは古文書を「読める」専門家のように古文書を「翻刻」することができるのかどうか。もう一つは、古文書を読むことができない、あるいは翻刻にしてもある程度までしかできない人びとが欲しい「ニーズ」に合致しているのかである。前者は純粋な研究として、後者は工学的・実用的な成果として考えるものになるであろう。前者の論点は、いわば「人間はどこまで文字の形を理解できれば、意味を理解することができるステップに移行することができるのか」という究極の問いを考えることになる。後者の論点は、「ユーザの期待値を上回ることができるのか」という、マーケティング的な観点で考えることになるであろう。現在の古文書 AI 翻刻は後者の点において、ユーザの期待値を上回っているであろうという判断のもとで、さまざまなサービスが展開されているといってよい。実際にこのユーザ期待値を上回っていたかどうかは、サービスに対する外的な評価によって決定されていくことになる（なお、この場合は単に精度の問題だけではなく適切なインターフェースや、典籍か文書かなどのもとの文字種ごとの違いなどによる期待度の高低も含まれる）。一方で、前者の論点を確認することは、困難を極める。むしろ、人が文字を理解する数値に具体的なものがない以上、コンピュータの側も理解することができないのである。ただし、DH においてこのようなシステムの有意性を議論するためには、どこかで考える必要が、それも人文学の側で考える必要があるのではなかろうか。そしてそれは、人が文字を読む行為自体という人文学の本質的な研究にもなるし、「さらなる精度向上」を目指す情報学者にとっても有益な示唆を与えることになるだろう。

　ここまで、論点を明確にするために、紙の議論ではなく具体的な数値が多く語られている AI くずし字翻刻を例としてきた。しかし、当然、このよう

な論点はモノ資料としての紙の分析にもあてはまるといえるであろう。交雑物について、どのようなものがどれぐらい入っていたら「多い」と定義できるのか、サイズ等については、いわゆる「標準」があるといえるが、科学分析による数値データについては、まだそのような「多い」「少ない」「標準的」といったことを示す共通の言葉がないように思われる。時代や文書の性質、発給者の社会的立ち位置などにおいても当然その基準は異なるであろう。このような基準を作り出すためにも、これまで以上に多くのデータが増やされていくことが求められる。多量のデータを処理し、標準的なものはどのぐらいなのか、外れ値はどのようなもので、何を根拠とすればそれを外れ値とみなすことができるのかなどを、多くの研究者のなかで議論し、決定していくことになるのであろう。そのためにも、多くのデータをさらに蓄積していくことが強く求められる。

　本コラム冒頭において「質的研究から（に加えて）量的研究へ」と述べた。おそらく、この量的研究を実現するためにこそ「量的研究のための質的研究」が必要となり、その研究の共有化が求められていくことになるのではないだろうか。紙の自然科学的研究のデータ蓄積がさらに進み、それがこれまでの「質的研究」と効果的なコラボレーションを実現させるものになることを、期待するものである。

おわりに

渋谷綾子・天野真志

　大学や研究機関において、異分野融合や学際連携の重要性が強調されて久しい。特に、『令和3年版科学技術・イノベーション白書』[1]において「自然科学の『知』と人文・社会科学の『知』が融合した総合的な『知』」である「総合知」の活用が提示されて以来、自然科学で蓄積された学理と人文・社会科学的視点の緊密な連携は、研究のさまざまな場面で強く求められるようになってきた。

　古文書研究や歴史学研究においても、「総合知の活用」につながるような、多分野連携や地域連携の動きは積極的に進められており、古文書や古記録類のもつ多様な科学情報に関する研究は深化されつつある。近年では、自然科学的な知識や同定方法を応用した料紙研究が諸方で実施され、古文書や古典籍に対する総合的アプローチの関心は高いといえる。

　そうした状況のなかで留意すべきは、研究分析の対象であるとともに文化遺産でもある歴史資料の取り扱いである。理化学分析のために、歴史資料の損傷・破壊が生じるような行為はあってはならず、非破壊的な手法を前提として検討すべきである。また、科学分析・研究である以上、一連の分析プロセスや結果は広く共有・公開することが求められる。研究成果や手法をより多くの人びとと議論するための環境作りも必要で、その意味でも、保存科学に関わる研究者・技術者の育成は急務の課題である。

　本書は、渋谷が研究代表を務めた科学研究費補助金基盤研究（A）「『国際古文書料紙学』の確立」（2019 ～ 2022年度）が元となっている。ここでは

①考古学や植物学の手法・方法論を応用して古文書料紙の科学分析を実践し、料紙の構造を解明すること、②料紙のもつ多様な情報から製造手法や地域的・時期的特性を見出し、古文書の歴史研究を進展させること、③科学分析のデータを共有できるように情報基盤システムと連携し、歴史資料と分析データの連結化をはかること、を実施した。プロジェクトは、文化財科学、植物育種学、歴史学、情報学、考古学の研究実績をもつメンバーで組織され、多種多彩な視角から古文書を研究してきた。この文理融合研究の主な成果は、時代的な変遷や地域的な特性につながる料紙の自然科学的な情報を抽出し、それらを情報基盤と連結させて共有できるようにしたこと、さらに、古文書の歴史研究における新たな可能性を提示した。

同時に、関連するプロジェクトである科学研究費補助金挑戦的研究（萌芽）「前近代の和紙の混入物分析にもとづく『古文書科学』の可能性探索」（2018 〜 2021 年度）、東京大学史料編纂所 2018・2019 年度一般共同研究「前近代の和紙の構成物分析にもとづく古文書の起源地追跡」（研究代表者：渋谷綾子），同 2020・2021 年度一般共同研究「中近世古文書の多面的分析にもとづく料紙の歴史的変遷の研究」（研究代表者：天野真志）の成果もふまえ、本書は成立している。

これらのプロジェクトの主な成果は、①料紙の生産・流通や地域的特性、歴史的変遷を探るための科学分析の方法論を確立したこと、②現生の植物ゲノム情報から、料紙素材の地域的特性に関する手がかりを取り出したこと、③顕微鏡画像管理ツールの開発、ならびに情報基盤との研究データの共有化・連結化を試行したことである。これらの成果にもとづいて、本書に先駆けて作成したものが史料調査ハンドブック『古文書を科学する―料紙分析はじめの一歩』(https://www.hi.u-tokyo.ac.jp/assets/pdf/seika2021-9.pdf)（渋谷・横田 2022）である。携帯が容易なサイズ感とカラー写真の使用にこだわった。本書はこのハンドブックの内容を深めたものであり、共同研究プロジェクトが進めてきた研究データの共有化・連結化・国際化についても、複数の章で解説している。

　「国際古文書料紙学」プロジェクトの終了時に、古文書の科学研究に関する入門書として、プロジェクトに関係する多くの皆さまのご協力を得てこの本を出版できたことは大変ありがたく、厚く御礼申し上げる。また、本書のナビゲーターとしてのイラストを描いてくださったかみとすみ氏をはじめ、文学通信の担当諸氏には、本書の企画時に丁寧な相談対応をいただくとともに適切な進捗管理をお願いでき、出版まで結びつけてくださった。心より感謝申し上げたい。

1　https://www.mext.go.jp/b_menu/hakusho/html/hpaa202101/1421221_00023.html
（2022 年 9 月 24 日アクセス）。令和 4 年版（https://www.mext.go.jp/b_menu/
hakusho/html/hpaa202201/1421221_00001.html）においても、「人文・社会科学の
『知』と自然科学の『知』の融合」が強調されている。

引用文献
» 渋谷綾子・横田あゆみ編『古文書を科学する─料紙分析 はじめの一歩』東京大学史
料編纂所、2022

用語集

本文中に出てくる専門用語や補足の必要な用語について解説します。

あ	
アノテーション	データに対して、メタデータと呼ばれる情報タグを付与する作業。
一塩基多型（SNP）	SNP（スニップ）：Single Nucleotide Polymorphism。生命の設計図であるゲノム DNA の塩基配列が一つ分だけ他の塩基に置き換わっていることを指す。
遺伝子多型	遺伝子を構成する DNA 配列の個体。
糸目	抄紙で用いる簀は、カヤやタケのひごを絹糸や化繊の糸で 1 本 1 本編んで、規格の寸法の大きさに作る。編んだ糸の上は紙料液が抜けないため、紙になると糸跡を確認できる。
打紙	石盤の上で、木槌で打ってつやを出した紙。
裏打ち	本紙にハケや霧吹きで水分を与え、しわを伸ばした上で、裏から別の紙をあてて補強する作業。
塩基	DNA（デオキシリボ核酸）を構成する主要な成分。

か	
核ゲノム	真核生物（動物、植物、菌類、原生生物など、身体を構成する細胞のなかに細胞核と呼ばれる細胞小器官を有する生物）の細胞核に含まれる DNA。
可視光	電磁波のうち、ヒトの目で見える波長のもの。可視光線は 380 〜 780nm（ナノメートル、1nm = 0.000001mm）の範囲を指す。
供試材料	分析用サンプル。
系統樹	生物の進化の道筋を描いた図。
ゲノム	ゲノムとは、遺伝子（gene）と染色体（chromosome）から合成された言葉で、DNA のすべての遺伝情報のこと。
交雑	遺伝的組成の異なる 2 個体間の交配。
高等植物	維管束を持つ植物（シダ植物・裸子植物・被子植物）をさす。これに対し維管束を持たない植物（菌類・地衣類・藻類）を下等植物という。
五摂家	藤原氏のうち近衛、九条、二条、一条、鷹司の 5 家をいう。
固有種	特定の国や地域にしか生息・生育・繁殖しない生物学上の種。
コロタイプ印刷	写真製版法によってゼラチン上につくった版で印刷する方法。

さ

在来種
ある地域に古くから存在する生物種やその系統を指す。

雑種
遺伝的に異なる生物の間の交雑によって生じた個体。

紫外光
紫外線ともいい、可視光線よりも波長が短い光の総称。約 1~400nm（ナノメートル、1nm = 0.000001mm）の範囲を指す。

紙背（しはい）
紙の裏、特に文書の裏。

種（しゅ）
species。生物学・分類学における階級で、界・門・綱・目・科・属・種のうち、最小階級である。

抄紙（しょうし）
紙漉（す）き。

詔書（しょうしょ）
天子の命令、またはその命令を直接に伝える国家の公文書。

上知令（じょうちれい）
江戸幕府や藩による知行召し上げ命令（収公令）。1870 年代には、明治政府によって土地没収命令が出された。

植物育種学
育種学は生物を遺伝的に改良し、新品種を育成するのに必要な理論とその応用に関する学問。対象とする生物の種類によって、植物育種学（作物育種学）、動物育種学（家畜育種学）、林木育種学、水産生物育種学、微生物育種学などの分野がある。

紙料／紙料液（しりょう）
紙に漉く直前の材料／材料液。

宸翰（しんかん）
天皇自筆の文書のこと。

スペクトル
spectrum。分光器で分解したときに得られる、波長（周波数）の順に並んだ帯状の光の像。

赤外光
赤外線ともいう。可視光線の赤色より波長が長く（周波数が低い）、電波より波長の短い電磁波である。ヒトの目では見ることができない光。

宣旨（せんじ）
律令期以降の日本において天皇・太政官の命令を伝達する文書の形式名。朝廷が出す文書の形態の一つ。

走査型電子顕微鏡（そうさ）
SEM：Scanning Electron Microscope。電子線を用いて、数 10 倍～100 万倍程度の表面の拡大像を取得できる顕微鏡。

属
genus。生物学・分類学における階級で、界・門・綱・目・科・属・種のうち、下から 2 番目の階級にあたる。属の下に亜属を設けることがある。

た

多型（たがた）
遺伝子を構成している DNA の配列の個体差。

竪紙（たてがみ）
漉いた紙を規格のまま使用する形を竪紙という。

電気泳動（えいどう）
主にタンパク質や DNA の分離に用いる。タンパク質や DNA は電圧をかけたときに移動する性質があるため、この移動距離の違いによって分離を試みる方法。

典籍 （てんせき）	中国の古い本（漢籍）、万葉集などの日本の古い本（国書）、仏教のお経・教えを書いた本（仏典）、西洋で発行された本（洋本）などのこと。江戸時代末までの近代以前に作られた書物を古典籍という。
デンプン粒 （りゅう）	高等植物の種子や果実、茎（幹）、葉、根などに貯蔵された植物のエネルギー源となる物質であり、アミロースとアミロペクチンから成る。安定した化学構造をもつ。
填料 （てんりょう）	添加物。
透過光	物体を通過した光。

な

内樹皮 （ないじゅひ）	樹皮は樹木外周の保護層であり、内樹皮は樹木の生長に関わる役割を、外樹皮は樹体内部を外界から保護する役割を担っている。（がい）
ネリ	粘剤。和紙を作るとき、ネリを原料の入った水に混ぜて紙を漉くことによって、原料である植物の繊維をうまく絡ませることができる。
粘質多糖 （ねんしつたとう）	粘性をもち、複数の糖からなる水溶性の多糖類（加水分解によって2分子以上の単糖類を生じる糖類）。

は

バイオマーカー	生体情報を数値化・定量化した指標。
胚乳 （はいにゅう）	胚の発生における栄養を貯蔵した種子内の組織。
白土 （はくど）	カオリンやモンモリロン石を主成分とする白色粘土。
端裏書 （はしうらがき）	文書の右端を端といい、その裏に書かれた文字が端裏書である。（はし）
反射光	物体に当たって跳ね返った光。
斐紙 （ひし）	雁皮紙。ジンチョウゲ科のガンピから作られる紙のこと。（がんぴし）
微量元素	minor element。物質中にごくわずか（ppm 単位以下）に含まれる元素。
品種	同一種の栽培植物や飼養動物で、形態や性質の変異が遺伝的に分離・固定されたもの。
フーリエ変換 赤外線分光分析	FT-IR：Fourier Transform Infrared Spectroscopy。物質に赤外光を照射して得られる測定結果より、未知の物質がどの程度入っているのか（定量）、どのような組成なのか（定性）、評価することができる。
偏光ポラライザー	偏光とは特定の方向にのみ振動する光（電磁波）であり、ポラライザーはある一方向の偏波（電波の空間に対する向き）のみを透過させる機能を持つ装置である。
放射性炭素 14 年代測定	radiocarbon dating。放射性炭素年代測定は、生物由来の炭素系物質が存在した客観的な年代を推定のための方法。その年代は、試料の放射性炭素（C14）の量を測定し、国際的に使用されている標準物質と比較することによって推定できる。詳しく知りたい方は、「遺跡発掘調査報告書放射性炭素年代測定データベース」（https://www.rekihaku.ac.jp/up-cgi/login.pl?p=param/esrd/db_param）等を参照願いたい。

ま

膜状物質
細胞壁構成成分のヘミセルロース（植物細胞壁に含まれる、不溶性であり非結晶性の多糖類の総称）。

メタデータ
データのデータのことであり、本体であるデータの属性や特徴を表す付帯情報が記載されたデータを指す。

や

葉鞘（ようしょう）
葉の基部が鞘状になり、茎を包む部分のこと。

葉緑体
植物の細胞に含まれる色素体が分化した、光合成を行う細胞小器官。

ら

粒径／粒径範囲（りゅうけい）
デンプン粒の粒子の大きさ、その大きさの範囲を粒径範囲という。

粒子励起 X 線分光法（れいき）
PIXE：Particle Induced X-ray Emission。高エネルギーの粒子線を分析対象の試料に照射して、放出される特性 X 線のエネルギーを分析して、元素の同定・定量を行う方法。

DNA
デオキシリボ核酸。細胞のなかにあり、長い鎖のような形をしている。4 種類の塩基、A（アデニン）、T（チミン）、G（グアニン）、C（シトシン）で遺伝情報が書かれている。

Inter-SSR（ISSR）
Inter-Simple Sequence Repeat。ゲノム中でマイクロサテライト（DNA 上に塩基の配列中に、同じ構造を持つ部分が 2-5 対繰り返し並んでいる部分）にはさまれた領域を示す。隣り合う二つのマイクロサテライト配列を PCR のプライマー（増やしたい配列の両端に結合するように作られた合成 DNA）に使うことで、はさまれた領域を増幅することができる。

INDEL
インデルと読む。ゲノムへの DNA の塩基配列の挿入（insertion）または欠失（deletion）のどちらか、あるいは両方を意味する。挿入欠失ともいう。

PS-ID
葉緑体ゲノムの領域の一つ。

PCR 法
ポリメラーゼ連鎖反応（Polymerase Chain Reaction）。生物の遺伝情報をもつ DNA を複製して増幅させる方法。

R
統計処理のための計算やグラフ化を行うための言語・環境。オープンソースで、無料で使用できる。

R 言語
統計解析に特化しているプログラミング言語。

執筆者・協力者一覧 (五十音順)

■執筆

天野真志（あまの・まさし）

→編者。奥付参照。

石川隆二（いしかわ・りゅうじ）

弘前大学農学生命科学部教授（作物育種学）。著書・論文に「第1章　奥で保存活用されるシークヮーサーの知恵」（大西正幸・宮城邦昌編著『環境人間学と地域　シークヮーサーの知恵　やんばるの「コトバ - 暮らし - 生きもの環』京都大学学術出版会、2016年）、『〈三内丸山遺跡〉植物の世界』（共著、裳華房、2004年）、「1．モンスーン農耕圏の人びとと植物」「自然科学からみたイネの起源」（佐藤洋一郎監修『ユーラシア農耕史　1．モンスーン農耕圏の人びとと植物』臨川書店、2009年）

小倉慈司（おぐら・しげじ）

国立歴史民俗博物館教授（日本古代史）。著書・論文に『差別の地域史―渡辺村からみた日本社会』（共編、法藏館、2022年）、『古代律令国家と神祇行政』（同成社、2021年）、「皮革生産賤視観の発生」（『日本史研究』691、2020年）

尾上陽介（おのえ・ようすけ）

東京大学史料編纂所教授（古記録学）。論文に「陽明文庫所蔵『臨時祭之事』および紙背『貞観政要』について」（共著、『東京大学史料編纂所研究紀要』31、2021年）、「近衛家家司平時兼の日記（『御八講』）について」（田島公編『禁裏・公家文庫研究』7、思文閣出版、2020年）、「中世近衛家の日記目録について」（新川登亀男編『日本古代史の方法と意義』、勉誠出版、2018年）

後藤　真（ごとう・まこと）

国立歴史民俗博物館准教授（人文情報学、総合資料学）。著書・論文に『地域歴史文化継承ガイドブック　付・全国資料ネット総覧』（共編著、文学通信、2022年）、『歴史情報学の教科書　歴史のデータが世界をひらく』（共編、文学通信、2019年〈https://bungaku-report.com/metaresource.html　で　公開中〉）、「日本における人文情報学の全体像と総合資料学」（国立歴史民俗博物館編『歴史研究と「総合資料学」』吉川弘文館、2018年）

渋谷綾子（しぶたに・あやこ）

→編者。奥付参照。

高島晶彦（たかしま・あきひこ）

東京大学史料編纂所技術専門職員（古文書・歴史資料の修理、古文書料紙）。論文に「デジタル機器を利用した楮繊維の分析」（『古文書研究』90、2020年）、「薄美濃紙の湿潤強さへの抄紙方法の影響」（『紙パ技協誌』73-6、2019年）、「『中院一品記』所収光厳天皇宸筆書状の料紙について」（湯山賢一編『古文書料紙論叢』、勉誠出版、2017年）

中村　覚（なかむら・さとる）

東京大学史料編纂所助教（人文情報学）。論文に、中村覚・高嶋朋子「持続性と利活用性を考慮したデジタルアーカイブ構築手法の提案」（『デジタルアーカイブ学会誌』Vol.5, No.1、2021年）、中村覚・大和裕幸・稗方和夫・満行泰河「Linked Data とデジタルアーカイブを用いた史料分析支援システムの開発」（『デジタル・ヒューマニティーズ』Vol.1、2019年）、中村覚・大和裕幸・稗方和夫・満行泰河・鈴木淳・吉田ますみ「Linked Data を用いた歴史研究者の史料管理と活用を支援するシステムの開発」『情報処理学会論文誌』Vol.59, No.2、2018年）

貫井裕恵（ぬくい・ひろえ）

神奈川県立金沢文庫学芸員（日本史）。論文に「金沢文庫　今に息づく日本中世「知」のアーカイブズ」（『書物学』16、2019年）、「中世後期における御影供執事役について」（海老澤衷・高橋敏子編『中世荘園の環境・構造と地域社会』勉誠出版、2014年）、「中世寺院における寺誌の一側面―東寺と「弘仁官符」―」（『アジア遊学 中世寺院の空間・テクスト・技芸―寺社圏論のパースペクティヴ』勉誠出版、2014年）

野村朋弘（のむら・ともひろ）

京都芸術大学准教授（日本中世史・文化史）。著書・論文に「後醍醐天皇を支えた廷臣―岡崎範国について―」（『國學院雑誌』122（11）号、2021年）、『史料纂集　宇治堀家文書』（橋本素子・角田朋彦・野村朋弘編、2021年、八木書店）、『諡―天皇の呼び名』（2019年、中央公論新社）

本郷恵子（ほんごう・けいこ）

東京大学史料編纂所所長・教授（日本中世史）。著書に『室町将軍の権力　鎌倉幕府にはできなかったこと』（朝日文庫、2020年）、『院政　天皇と上皇の日本史』（講談社現代新書、2019年）、『日本の歴史　京・鎌倉ふたつの王権』（小学館、2008年）

山田太造（やまだ・たいぞう）

東京大学史料編纂所准教授（データ工学・歴史情報）。著書・論文に「デジタル化される日本史史料の現状」（『歴史学研究』1000、2020年）、「歴史データをつなぐこと―目録データ」（『歴史情報学の教科書―歴史のデータが世界をひらく』文学通信、2019年）、Yamada, T. A classification of a scene in a field note using topic model. International Journal of Geoinformatics, 15, pp.25-36, 2019.

山家浩樹（やんべ・こうき）

東京大学史料編纂所教授（日本史）。著書・論文に「室町幕府初期の財政基盤」（『史学雑誌』130-6、2021年）、『足利尊氏と足利直義』（山川出版社、2018年）

■協力

大川昭典（おおかわ・あきのり）

元高知県立紙産業技術センター第二技術部長（製紙科学）。論文に「古文書紙の繊維組成及び填料の観察」（湯山賢一編『古文書料紙論叢』勉誠出版、2017年）、「古代の製紙技術」（湯山賢一編『文化財学の課題　和紙文化の継承』勉誠出版、2006年）、「浮世絵の紙」（『ぶんせき』3、日本分析化学会、2003年）

富田正弘（とみた・まさひろ）

富山大学名誉教授（日本中世史・日本古文書学）。著書・論文に「文献史料から見た中世文書料紙の体系と変遷―檀紙と強杉原―」（『古文書研究』80、2015年）、『中世公家政治文書論』（吉川弘文館、2012年）、「古文書料紙研究の歴史と成果―檀紙・奉書紙と料紙分類―」（『東北中世史研究会会報』20、2011年）

湯山賢一（ゆやま・けんいち）

神奈川県立金沢文庫文庫長／東大寺ミュージアム館長（古文書学）。著書・編著に『古文書の研究―料紙論・筆跡論』（青史出版、2017年）、『古文書料紙論叢』（勉誠出版、2017年）、『文化財と古文書学　筆跡論』（勉誠出版、2009年）

編者

渋谷綾子（しぶたに・あやこ）

東京大学史料編纂所特任助教（考古科学、文化財科学）

論文に、Shibutani, A., Aono, T. and Nagaya, Y.: Starch granules from human teeth: New clues on the Epi-Jomon diet. Frontiers in Ecology and Evolution, 10, 2022.、Shibutani, A.: Scientific study advancements: Analysing Japanese historical materials using archaeobotany and digital humanities. Academia Letters, 2022.、渋谷綾子・高島晶彦・天野真志・野村朋弘・山田太造・畑山周平・小瀬玄士・尾上陽介「古文書料紙の科学研究：陽明文庫所蔵史料および都城島津家史料を例として」（『東京大学史料編纂所研究紀要』、32、2022 年）など。

天野真志（あまの・まさし）

国立歴史民俗博物館准教授（日本近世・近代史、資料保存）

著書に、『地域歴史文化継承ガイドブック　付・全国資料ネット総覧』（共編著、文学通信、2022 年）、『幕末の学問・思想と政治運動』（吉川弘文館、2021 年）、『記憶が歴史資料になるとき』（蕃山房、2016 年）など。

古文書の科学

料紙を複眼的に分析する

2023（令和 5）年 3 月 31 日　第 1 版第 1 刷発行

ISBN978-4-86766-004-1 C0021　Ⓒ著作権は各執筆者にあります

発行所　株式会社 **文学通信**

〒 114-0001　東京都北区東十条 1-18-1 東十条ビル 1-101
電話 03-5939-9027　Fax 03-5939-9094
メール info@bungaku-report.com ウェブ https://bungaku-report.com

発行人　岡田圭介
印刷・製本　モリモト印刷

ご意見・ご感想はこちらからも送れます。上記のQRコードを読み取ってください。